Ein Atheist, der von der Klippe fiel

Spirituelle Weisheit von Ost und West

von
Swami Paramatmananda Puri

Band 1

Mata Amritanandamayi Center
San Ramon, Kalifornien, Vereinigte Staaten

Ein Atheist, der von der Klippe fiel
von Swami Paramatmananda Puri
Spirituelle Weisheit von Ost und West – Band 1

Veröffentlicht von:
Mata Amritanandamayi Center
P.O. Box 613
San Ramon, CA 94583-0613
Vereinigte Staaten

International: www.amma.org

In Deutschland: www.amma.de

In der Schweiz: www.amma-schweiz.ch

Im vorliegenden Buch möchten wir so nahe wie möglich an den ursprünglichen spirituellen Lehren bleiben. Dabei wird, sofern möglich, eine sprachlich etablierte geschlechtsneutrale Formulierung verwendet. Wo dies nicht möglich ist, nutzen wir zur besseren Lesbarkeit das generische Maskulinum. Auch in diesen Fällen sind jedoch stets Personen aller Geschlechtsidentitäten ausdrücklich mitgemeint und angesprochen.

Vorwort

An Jagadguru
Sri Mata Amritanandamayi
mit tiefer Hingabe, ehrfürchtigem Respekt
und ehrerbietigen Grüßen

Seit 1968 führt Swāmī Paramatmananda Puri das Leben eines Entsagenden in Indien. Im Alter von neunzehn Jahren zog er dorthin, um die spirituelle Essenz dieser großen und alten Kultur in sich aufzunehmen. Er hatte das große Glück, im Laufe der Jahre in der Gesellschaft vieler Heiliger und Weiser zu leben, was schließlich im Jahr 1979 zu der Begegnung mit seinem Guru Mata Amritanandamayi führte. Als einer ihrer ältesten Schüler wurde er schließlich gebeten, in die USA zurückzukehren, um den ersten Āśhram im Westen, das Mata Amritanandamayi Center, zu leiten, wo er von 1990 bis 2001 lebte.

Viele Bewohner und Besucher des Centers berichteten, dass einer der Höhepunkte der Programme dort Swāmīs Vorträge waren. Diese umfassen Ammas Lehren, seine Erfahrungen in Indien, sein Verständnis der heiligen Schriften und sein Leben auf dem spirituellen Weg. Mit Witz und Humor hat er Ost und West miteinander verbunden und ein Forum für spirituelles Lernen für Menschen aus allen Lebensbereichen geschaffen.

Ursprünglich waren seine Vorträge nur als Tonbandaufnahme erhältlich. Jetzt wurden sie transkribiert, wobei sein Sprachstil so weit wie möglich beibehalten wurde, was diese Bände zu einer Schatzkammer der Weisheit für kommende Jahre macht.

Diese Vorträge wurden vor über zwanzig Jahren aufgezeichnet. Für diese überarbeitete Ausgabe beschloss Swāmīji, das Buch in einem besser lesbaren Stil neu zu schreiben.

Herausgeber
Amritapuri, Indien, 1. August 2017

Inhalt

Geschichten von Heiligen - 1

Die spirituellen Giganten Indiens sind nicht nur auf Mönche beschränkt. Es gab besonders in den vedischen Zeiten viele verheiratete Mahātmās, die als Ṛiṣhis oder Weise bekannt waren. Wir sollten nicht denken, dass jeder Mahātmā ein Sannyāsī sein muss, man die Welt verlassen und orangefarbene Kleidung tragen muss, um ein Heiliger, Weiser oder Mystiker zu werden. Es gab viele verwirklichte Menschen, die verheiratet waren und arbeiteten, um ihre Familie zu unterstützen. In ihrer freien Zeit widmeten sie sich der spirituellen Praxis (Sādhanā). Sie betrachteten ihr tägliches Leben als Gelegenheit, sich spirituell zu entwickeln.

Du kannst es nicht mitnehmen

Ich kannte einen Philosophieprofessor, der in Hyderabad im Bundesstaat Andhra Pradesh lebte. Er hatte das Glück, eine Arbeit zu haben, die sein spirituelles Leben unterstützte. Wann immer er nicht sprechen oder sich mit etwas beschäftigen musste – wenn er alleine saß, im Bus unterwegs war oder mit dem Auto fuhr – konnte man sehen, wie er mit der Hand sein Bein antippte, als ob er zählte. Tatsächlich wiederholte er unablässig den göttlichen Namen „Ram“. Jede freie Minute widmete er dem Japa. Wann immer ein Heiliger oder Weiser nach Hyderabad kam, suchte er dessen Darśhan. Oft lud er sie ein, ihn zu besuchen oder in seinem Haus zu wohnen. Manche Sannyāsīs und Heilige blieben zwei oder drei Jahre bei ihm. Seine Familie war darüber wenig erfreut, doch das kümmerte ihn nicht. In der Vergänglichkeit dieser Welt erkannte er die Notwendigkeit, seinen Besitz so einzusetzen, dass er ihm spirituellen Nutzen brachte. So verwandelte er all seine weltlichen Güter in Puṇya (spiritueller Verdienst).

Nach indischer Tradition führen alle von Wünschen motivierten Handlungen, die durch Körper, Sprache oder Mind ausgeführt werden, zu Reaktionen – dem sogenannten Karma. Dieses kann positiv (Puṇya), negativ (Pāpa) oder neutral sein. Puṇya führt zu zukünftigem Glück und Pāpa bringt zukünftiges Leid mit sich. Die Annehmlichkeiten und Freuden dieses Lebens sind das Ergebnis von Puṇya vergangener Leben, während Schmerz und Leid die Folge von Pāpa sind. Die unsichtbaren Ergebnisse unserer Handlungen folgen uns von Leben zu Leben; es gibt eine Art „Konto“, auf das die Ergebnisse unseres Karmas aller Leben gehen. Dies nennt man Sanchita (angesammelte Handlungen aus all unseren vergangenen Leben). Obwohl man gemeinhin der Meinung ist, dass „man nichts mitnehmen kann“, können wir es tatsächlich doch! Indem wir ein tugendhaftes oder dharmisches Leben führen, bauen wir unseren Vorrat oder unser Konto an Puṇya auf. Wir können sogar die Vermögenswerte dieses Lebens wie Reichtum und Besitztümer in Puṇya umwandeln. Aber dies muss geschehen, bevor wir unseren Körper verlassen. Soweit ich es verstanden habe, werden Besitztümer, die nach dem Tod vererbt werden, bei dieser Berechnung nicht berücksichtigt. Ein Grund, warum eine Handlung zu Puṇya wird, ist, dass sie Selbstlosigkeit und ein gewisses Maß an Loslassen erfordert – selbst wenn nur ein kleines bisschen.

Angenommen, wir wollen in ein Land reisen, in dem es kein Devisensystem gibt. Die Umwandlung muss zuerst hier erfolgen, damit unser Geld dort als gültige Währung gilt. Unsere Handlungen, unser Reichtum, unsere Gesundheit und alles andere kann in Puṇya umgewandelt werden, aber nur hier und jetzt. Später können wir das nicht mehr tun. Später, wenn wir auf der anderen Seite sind, unseren Körper verlassen haben und uns in der anderen Welt befinden, wird uns niemand fragen: „Möchtest du, dass wir deine irdischen Besitztümer in unsere Währung hier umwandeln?“ Was immer wir also umtauschen wollen, müssen wir hier und jetzt umwandeln.

Natürlich gibt es gewöhnliches Puṇya und spirituelles Puṇya. Handlungen, die aus dem Wunsch nach Reinigung des Minds durch göttliche Gnade ausgeführt werden und zur Verwirklichung Gottes führen, bringen genau das. Sie tragen keine Früchte in Form von weltlichem Vergnügen. Einige große spirituelle Wesen, die Haushälter waren, taten genau das: Sie erkannten, dass das Leben vergänglich ist und jeden Moment enden kann. Dadurch machten sie das Beste aus ihrem Leben. Aber nicht im Sinne dessen, was die meisten Menschen darunter verstehen, das Beste aus dem Leben herauszuholen. Sie bereiteten sich auf das Leben nach diesem Leben vor.

Karaikkal Ammaiyar und die Mangos

Im sechsten Jahrhundert wurde in Tamil Nadu eine große Heilige namens Punithavathiar geboren. Sie wurde später als Karaikkal Ammaiyar bekannt, als die „geachtete Mutter aus Karaikkal“. In Tamil Nadu gibt es eine alte Tradition oder Linie von dreiundsechzig Heiligen, genannt die Nayanmars, die alle große Verehrer von Śhiva im 6. bis 8. Jahrhundert waren. In Śhiva-Tempeln kann man nicht nur das Abbild des Herrn sehen, sondern auch die Bilder dieser großen Devotees, die auf einer Seite des inneren Teils des Tempels aufgereiht sind. Sie schrieben viele hingebungsvolle Lieder und waren alle Mystiker, die die Gnade des Herrn in Form einer direkten Erfahrung seiner Existenz erhielten. Punithavathiar war eine der Ersten unter ihnen. Ihr Leben veranschaulicht die Wahrheit von Ammas Worten, dass Unschuld göttliche Gnade anzieht.

Punithavathiar war die Tochter eines wohlhabenden Kaufmanns. Ihre kinderlosen Eltern waren sehr fromme Devotees von Śhiva und hatten zu ihm um ein Kind gebetet. Sie wuchs zu einem sehr schönen Mädchen heran, das wie ihre Eltern mit Hingabe gesegnet war. Im Laufe der Zeit wurde sie mit dem Sohn eines anderen Kaufmanns namens Paramadattan verheiratet. Sie lebten ein glückliches und zufriedenes Leben, bis etwas geschah, das alles für sie beide veränderte.

Eines Tages, als der Ehemann in seinem Laden saß, kamen einige Freunde und brachten ihm zwei große, saftige Mangos, die er seinem Diener mit der Anweisung gab, er solle sie nach Hause bringen und seiner Frau geben. Er sollte ihr mitteilen, dass Paramadattan sie zum Mittagessen essen würde, wenn er nach Hause käme.

Sie hatte gerade den Reis fertiggekocht, aber sonst nichts, als ein Sādhu, ein Śhiva-Verehrer, vor ihrem Haus rief:

> *„Annapurne sadapurne sankara prana vallabhe*
> *jñanavairagya siddhyartham bhiksham dehi ca parvati“*

Bedeutung:

> „Annapūrṇā Dēvī, Göttin der Fülle, du bist Śhivas ewige Gemahlin, gib mir Almosen zusammen mit Weisheit.“

Er bettelte um Essen, und da sie eine Verehrerin Śhivas war, wollte sie ihn natürlich bewirten. Sie rannte zur Tür und sagte: „Swāmī, bitte komm herein und setz dich.“ Was sollte sie ihm zum Reis servieren? Wahrscheinlich gab es in der Küche ein paar Pickles, aber sonst nichts. Dann erinnerte sie sich an die Mangos. Sie dachte: „Ich gebe ihm eine Mango als Beilage und vielleicht etwas Joghurt, und er kann das Ganze mischen; es wird köstlich sein.“ Also nahm sie eine der Mangos und gab sie dem Sādhu. Er aß den ganzen Reis und die Mango. Er war sehr glücklich, segnete sie und ging davon.

Nach einiger Zeit kam der Ehemann nach Hause, nahm ein Bad und setzte sich zum Mittagessen. Punithavathiar servierte ihm Reis zusammen mit allen Gerichten, die sie zubereitet hatte.

„Was ist mit den Mangos? Ich habe doch Mangos geschickt, oder?"

„Ja, ich bringe Eine." Sie ging und brachte die verbleibende Mango und legte sie auf seinen Teller.

„Wow, das ist köstlich. Bring auch die Andere." Jetzt war sie in einer Zwickmühle. Sie sagte nichts. Punithavathiar hätte in diesem Moment etwas sagen können. Sie hätte sagen können: „Ich habe sie einem Sādhu gegeben", aber irgendwie zögerte sie. Sie wollte ihren Mann glücklich machen. Also ging sie in den Vorratsraum und fing an zu weinen: „Oh Śhiva, oh Śhiva – was soll ich nur tun? Er fragt nach der Mango und ich habe keine Mango. Ich hätte ihm sagen können warum, aber ich tat es nicht. Was soll ich jetzt sagen?" Sie hob ihre Hände und rief: „Oh Gott, bitte rette mich!" In dem Moment erschien plötzlich eine Mango in ihren Händen. Natürlich war sie ein wenig erstaunt, aber mehr als das war sie sehr dankbar, dass der Herr ihr den Tag gerettet hatte. Sie nahm die Mango und gab sie ihrem Mann.

Er aß sie und sagte: „Hey, die ist zehnmal so süß wie die erste. Wo hast du die her? Ist das die gleiche Mango, die ich geschickt habe? Wie konnte ich zwei Mangos schicken, die so völlig unterschiedlich sind? Das ist unglaublich."

Nun dachte sie, es wäre besser, die Wahrheit zu sagen und erklärte: „Ein Sādhu kam bettelnd zu mir und es gab nur Reis, den ich ihm geben konnte, also gab ich ihm die erste Mango. Als du jetzt nach der zweiten Mango gefragt hast, habe ich zu Śhiva gebetet, und Er hat mir die zweite gegeben."

„Genau, wenn Er dir die zweite Mango gegeben hat, kannst du noch eine weitere von Ihm bekommen?“, fragte er sarkastisch.

„Ich weiß es nicht. Ich werde beten.“ Sie ging zurück in die Küche und begann zu weinen: „Oh Herr! Bitte rette mich aus dieser Situation!“ Und dann erschien eine weitere Mango in ihren Händen! Sie kam heraus und bot sie ihrem Mann an.

Er nahm sie in die Hand, aber sie verschwand, sobald er sie berührte. Nun war er nicht nur schockiert, sondern auch ängstlich, denn er erkannte, dass seine Frau keine gewöhnliche Frau war. „Bist du eine Göttin?“, fragte er.

Aber sie sagte nichts. Sie wusste nicht, was sie sagen sollte.

Also traf er dort und sofort eine Entscheidung. Da seine Frau anscheinend eine Göttin und keine gewöhnliche Frau war, konnte er nicht weiter mit ihr als seine Ehefrau leben. Als Kaufmann reiste er oft mit seinen Schiffen über die Meere, also verließ er sie mit dem nächsten Schiff und kehrte nie nach Karaikkal zurück. Schließlich ließ er sich in Madurai nieder, weit entfernt von seinem Heimatort. Er heiratete erneut und bekam eine Tochter, die er nach seiner ersten Frau, Punithavathiar, benannte.

In der Zwischenzeit wartete Punithavathiar darauf, dass ihr Mann nach Hause kam. Nach fünf oder sechs Jahren erzählten ihr einige Verwandte, die in Madurai gewesen waren und ihn dort gesehen hatten: „Wir haben deinen Mann gesehen, und er ist in Madurai.“ Sie beschlossen, sie dorthin zu schicken und mieteten eine Sänfte. So machte sie sich mit einigen von ihnen auf den Weg. Sie schickten ihm auch die Nachricht, dass sie kommen würde.

Als Punithavathiar ankam, kam Paramadattan mit seiner zweiten Frau und seiner Tochter herausgerannt, um sie zu empfangen. Was tat er, sobald sie aus der Sänfte stieg? Er machte einen Sashtanga Namaskāram, eine vollständige Verbeugung, ausgestreckt zu ihren Füßen in großer Ehrfurcht. Das gefiel ihr nicht besonders. Vorher war sie als indische Ehefrau diejenige, die sich zu seinen Füßen verneigte.

Sie rief: „Was soll das? Was machst du da?!"

Dann erzählte er ihren Verwandten die ganze Geschichte:

„Diese Frau ist keine gewöhnliche Frau, sondern eine Göttin und durch ihre Gnade habe ich wieder geheiratet und ein Kind bekommen. Darum verehre ich sie in meinem Haus als die Göttin Punithavathiar."

Als sie das hörte, war sie so aufgebracht, dass sie inständig zu Śhiva betete: „Oh Herr, ich habe meine Schönheit für meinen Mann bewahrt und jetzt will er mich nicht mehr. Sei Du mein Ein und Alles. Nimm mir meine Schönheit."

Sofort wurde sie ganz mager und dürr, fast wie ein Geist. Man sagt, sie wurde gespenstisch und sah sehr seltsam aus. Als die anderen sie in ihrem neuen Erscheinungsbild sahen, rannten alle vor Angst weg. Aber sie war sehr glücklich, denn dies war der Beginn ihres Lebens in völliger Entsagung. Es war Gottes Wille, nicht ihrer.

Sie begann dann eine lange Pilgerreise und ging den ganzen Weg zum Berg Kailaśh im Himalaya. In jenen Tagen war eine Pilgerreise in die Ferne eine gefährliche Angelegenheit. Man musste unter Umständen durch Wälder voller wilder Tiere oder, noch schlimmer, wilder Menschen gehen! Als sie den Kailaśh erreichte, segnete Śhiva sie mit Seiner mystischen Vision und seinem Darśhan. Er fragte sie: „Was wünschst du dir? Ich gebe dir meinen Segen."

„Ich sehnen mich nach ständigem Bhakti, nach totaler, dauerhafter Hingabe an Dich. Mein Mind schweift von einem Gedanken zum nächsten ständig ab. Ich wünsche mir, dass er ununterbrochen wie der Fluss Gaṅgā zum Ozean nur zu Dir fließt.

Ich möchte nicht mehr wiedergeboren werden; es gibt nichts in dieser Welt, was ich will. Nur zu Deinen Füßen möchte ich sein. Und wenn ich wegen dem Karma wiedergeboren werden muss, dann lass mich immer im Bewusstsein sein, dass Du existierst; lass mich nicht mehr Deiner Māyā verfallen, sodass ich Dich vergesse und denke, dass nur diese Welt real und von Wert ist. Lass mich gottes-bewusst sein, auch wenn ich wiedergeboren werde."

Schließlich betete sie, dass sie den kosmischen Tanz des Herrn jederzeit sehen könne. Dies könnte zwei verschiedene Dinge bedeuten. Ihr habt vielleicht das Bild von Śhiva als Nataraja gesehen, dem König des Tanzes. Er tanzt mit Feuer, das um ihn herumlodert. Dies stellt den Tanz des Universums dar. Jede einzelne Sache im Universum bewegt sich. Es gibt nichts, was absolut still ist; jedes Atom ist in Bewegung. Śhakti oder Mutter Natur tanzt ständig. Die Natur tanzt in die Existenz und auch wieder aus der Existenz heraus. Wenn die Schwingungen aufhören, ist das das Ende der Schöpfung. Dann kommt Pralaya, die Auflösung des Universums. Danach beginnt der Tanz erneut.

Dies ist eine Möglichkeit zu interpretieren, was sie als den kosmischen Tanz Gottes sehen wollte. Mit anderen Worten, sie wollte das ganze Universum als die Form Gottes sehen. Die andere Interpretation könnte sein, dass sie tatsächlich die Form von Nataraja als Śhiva sehen wollte, der im Akasha, im Raum, tanzt. So sagte Śhiva: „Ja, du wirst diese Vision und alles, was du dir gewünscht hast, bekommen." Er sagte ihr dann, sie solle nach Tamil Nadu an einen heiligen Ort namens Tiruvalangadu zurückkehren, wo es einen Śhiva-Tempel gibt, der als einer der Orte gilt, an denen der Herr seinen kosmischen Tanz tanzt und dortbleiben. Sie verbrachte den Rest ihres Lebens an diesem Platz in Meditation und Ekstase und erreichte die Befreiung durch Śhivas Gnade.

Karaikkal Ammaiyar schrieb mehr als hundert Lieder, die ihre spirituellen Erfahrungen und die mystische Vereinigung mit Gott beschreiben. Dies ist Teil der Saiva-Literatur, der Literatur der Nayanmars.

Die Frau, die Baby Rāma fütterte

In den ersten zehn oder zwölf Jahren, die ich in Indien verbrachte, hielt ich mich oft in Hyderabad auf. Damals traf ich eine Devotee von Ramaṇa Mahāṛiṣhi, die wie eine ganz normale Frau wirkte. Sie war eine brahmanische Witwe und verbrachte ihre Zeit entweder mit Pūja, dem Studium des Śhrīmad Bhāgavatam und anderer Schriften oder mit Japa. Sie wiederholte den Namen Gottes hunderttausendmal am Tag, stand gegen drei Uhr morgens auf und saß von da an bis neun oder zehn Uhr wie eine Statue versunken im Japa. Wie man sich vorstellen kann, machte sie große Fortschritte und begann, göttliche Visionen zu erleben.

Mitte der siebziger Jahre kam sie nach Tiruvannamalai und ließ sich dort nieder. Irgendwie wurden wir Freunde. Obwohl sie sehr orthodox war, zeigte sie mir gegenüber wie eine ältere Schwester zu ihrem jüngeren Bruder viel Zuneigung. An manchen Tagen kam sie und kochte für mich. Danach unterhielten wir uns über spirituelle Themen. Damals konnte ich ihre Sprache, Telugu, ein wenig sprechen. Wir redeten in einfachen Worten. Dabei erzählte sie mir von ihren Erfahrungen.

Manchmal unterhält man sich mit Menschen, sogenannten spirituellen Menschen, und wenn sie von ihren Erfahrungen erzählen, hat man das Gefühl, dass entweder etwas nicht mit ihnen stimmt oder sie beeindrucken wollen. Viele Leute reden so. Aber wenn man mit einem echten, unschuldigen Menschen spricht, fühlt man das überhaupt nicht. Man merkt, dass sie wie ein Kind sind. Wirklich spirituelle Menschen sind wie Kinder.

Diese Frau war wie ein Kind, und nachdem wir uns eine Weile kannten, begann sie mir zu erzählen, was ihr während ihres aktuellen Sādhanā passierte.

Sie sagte, dass sie sehr aufgeregt war. Als Devotee von Ramaṇa Mahāṛiṣhi machte sie gerne Ātmā Vichara, Selbstbefragung. Aber jedes Mal, wenn sie die Augen schloss und versuchte, am Ich-Gedanken festzuhalten, um Ātman zu sehen, erschien ein kleiner Junge – Baby Rāma, ein winziger, dreijähriger, hellgraublauer Rāma. Er kam und sprang auf ihren Schoß und begann an ihren Kleidern zu zerren und sagte: „Ich will Pāyasam (süßer Pudding)! Ich will Vada (gebratener Kichererbsenkuchen). Ich will Dosa (gebratener Pfannkuchen). Ich will etwas zu essen!" Sie konnte ihn tatsächlich sehen, sie spürte, wie er an ihrer Kleidung zerrte und hörte ihn weinen. Aber sobald sie ihre Augen öffnete, war er verschwunden. Wenn sie die Augen wieder schloss, sah sie ihn wieder, fühlte sein Zerren und hörte sein Weinen. Sie war sehr unglücklich darüber.

Während ich diese erstaunliche Geschichte hörte, konnte ich nur daran denken, wie glücklich ich wäre, wenn mir so etwas geschehen würde. Wenigstens würde etwas passieren, wenn ich meine Augen schließe, etwas anderes als Gedanken und Schlaf! Aber das war der Unterschied zwischen uns – sie gab sich nicht mit geringerem als Selbstverwirklichung, Ātmā Jñāna, zufrieden. Nicht einmal die Vision von Rāma oder Krishna oder irgendjemand anderem wollte sie.

Normalerweise musste sie zu dieser frühen Stunde nicht kochen. Es war zu früh am Morgen. Aber wenn sie nicht kochte und das Essen vorbereitete, ließ Rāma sie nicht in Ruhe. Also kochte sie Pāyasam und Vada. Sie wollte es nicht für sich selbst, schließlich war sie nur eine einfache, spirituelle Suchende. Aber für ihn musste sie all diese aufwendigen Gerichte kochen; er war mit nichts weniger zufrieden. Dann musste sie ihn mit geschlossenen Augen füttern, weil sie ihn nur mit geschlossenen

Augen sehen konnte. Sie konnte sich nicht einmal ausruhen, denn wenn sie die Augen schloss, um zu schlafen, kam er und legte sich neben sie, kuschelte sich an sie, wollte spielen und Geschichten hören!

Sie war sehr aufgebracht und erzählte mir davon. Sie sagte: „Was wird aus mir werden? Ich wollte das Selbst verwirklichen und nun muss ich die ganze Zeit mit Gott spielen? Er lässt mich kochen – jeden Morgen um vier Uhr morgens muss ich kochen. Was soll ich nur tun?“ Und was sollte ich ihr sagen? Das war sogar noch schwieriger, weil ich keine Ahnung hatte – ich sah weder Rāma, Kṛiṣhṇa noch Śhiva! Also sagte ich: „Ergib dich dem Willen Gottes.“ Was hätte ich sonst sagen können?

Schließlich kam sie eines Tages und sagte: „Weißt du, letzte Nacht ist etwas Wunderbares passiert. Ich meditierte und Rāma kam wieder. Ich war ein wenig – ich weiß nicht, ich war frustriert; ich wusste nicht mehr, was ich tun sollte. Also begann ich zu meinem Guru zu beten. Mein Guru erschien und er hatte einen großen Kochtopf dabei.“

Das war ein riesiger Topf, so groß, dass man darinstehen konnte. Ich habe einige der Kochtöpfe in Indien gesehen, in denen für Feste gekocht wird; um den Topf zu reinigen, muss man hineinsteigen und darinstehen, so groß ist er. Es war ein großer Topf wie dieser.

„Dann hatte er einen großen Stock und rührte darin herum – was auch immer es war – ich weiß nicht, was es war. Ich schaute es mir an und fragte mich: ‚Was für eine seltsame Sache Guruji macht; ich frage mich, was kocht er?’ Dann rief er mich zu sich, ich schaute in den Topf, er sagte: ‚Das ist Mysore Pak, aber es ist noch nicht fertig.’ Mysore Pak ist eine Art Süßigkeit.“

Dann verstand sie, was er meinte: Sie war noch nicht reif für die Selbstbefragung. Die Süßigkeit – das ist der süße, entwickelte, spirituelle Mind. Er wird umgerührt, aber er ist noch nicht ganz fertig, noch nicht vollständig „gekocht“. Wäre er gar nicht gekocht worden, hätte sie Rāma nicht gesehen. Doch weil er kochte und brodelte, bekam sie diese Vision. Danach erzählte sie, dass die Vision von Rāma als kleinem Jungen endete, ihr Mind jedoch still wurde wie ein ruhiger Ozean. Sie konnte stundenlang in sich selbst versunken im Ātman sitzen.

Diese Frau schien eine ganz normale Frau zu sein; niemand wusste von ihren Erfahrungen – ich könnte der Einzige sein, der es wusste. Ich habe es nie jemandem erzählt. Tatsächlich seid ihr die ersten, denen ich das erzähle. Ich bin mir so sicher, dass sie es niemandem erzählt hat, weil sie keine Freunde hatte. Freunde waren ihr egal, sie interessierte sich nur für ihre spirituelle Praxis.

Es muss so viele Devotees wie diese Frau geben, so viele Heilige. Eine Schülerin von Rāmakrishna Paramahaṁsa hatte das gleiche „Problem". Was für ein Problem!

Die Frau, die das Ohr des Schweizer Jungen heilte

Eines Tages saßen einige von uns mit Amma vor dem Āśhram. Etwas weiter entfernt saß ein schweizerischer junger Mann, der seit einigen Jahren im Āśhram lebte. Er meditierte viel, was dazu führte, dass sein Körper überhitzte und er eine Ohrenentzündung bekommen hatte.

Während wir redeten, kam eine Bettlerin vorbei. Manchmal überquerten Bettler das Flussufer, um im Dorf nach Essen zu betteln. Es sah so aus, als hätte sie seit Jahren weder gebadet noch ihre schmutzigen und zerrissenen Kleider gewechselt. Sie schien in ihren Siebzigern zu sein und hielt gebückt eine kleine Blechdose in der Hand, um zu betteln. Sie ging direkt zu dem schweizerischen Man, beugte sich zu ihm herunter, als ob sie ihm etwas sagen wollte, und dann schwupp, schwupp, blies sie in sein entzündetes Ohr! Ohne darauf zu warten, dass ihr jemand etwas gab, lächelte sie ihn einfach an und ging fort, als ob sie nur deswegen gekommen wäre.

Amma beobachtete die ganze Szene, dann wandte sich an uns und sagte: „Habt ihr das gesehen?" Wir sahen es, verstanden aber nicht, was wir da sahen. „Wisst ihr, wer das war?" „Nein." „Sie war noch nie hier," sagte Amma. „Aber Amma, wie wusstest du, wer sie ist?" Ohne nachzudenken, stellten wir Amma immer wieder diese dumme Frage. Im nächsten Moment merkten wir dann, wie töricht es war, sie zu fragen, woher sie etwas wusste. Sie weiß es, weil ihr Wissen aus der Intuition nicht aus Erfahrung, Schlussfolgerung oder Intellekt. Trotzdem fragten wir sie: „Amma, woher weißt du das?" „Das war eine Avadhūta, ein Mahātmā. Sie wandert wie eine Bettlerin umher. Es war das erste Mal, dass sie hierherkam und doch wusste sie, dass sein Ohr entzündet war. Das war der einzige Grund, warum sie kam. Sie kam nicht, um von uns Essen zu erbetteln. Habt ihr nicht gesehen, wie sie einfach in sein Ohr blies und dann ging?" Sie hielt inne und fügte hinzu: „Es gibt viele solche Menschen. Tatsächlich gibt es wahrscheinlich in jedem Dorf einen, aber wir wissen nichts von ihnen, weil sie wie gewöhnliche Menschen aussehen."

Mayamma

Der Schein kann trügen. Wir kennen alle dies Sprichwort „es ist nicht alles Gold, was glänzt." Es ist auch wahr, dass diejenigen, die nicht glänzen, tatsächlich Gold sein können! Viele von euch haben vielleicht von Mayamma gehört, einer Avadhūta, die bis vor kurzem in Tamil Nadu lebte (sie verstarb am 9. Februar 1992). Amma verbrachte einige Zeit mit ihr. Wir besuchten sie alle zwei oder drei Jahre. Sie sah wie eine Bettlerin aus. Sie trug einen Jutesack und lief mit diesem in Hotels, nahm den Leuten das Essen von den Tellern, steckte es in den Sack und rannte dann aus dem Hotel.

Was tat sie mit dem Essen? Sie aß es nicht selbst. Es gab etwa fünfundzwanzig Hunde, die ihr folgten. Sie schlief auf den Hunden, legte sich auf die Hunde, spielte mit den Hunden und fütterte die Hunde. Auf diese Weise fütterte sie die Hunde – indem sie das Futter aus den Hotels holte. Kein Hotelbesitzer hielt sie auf, weil sie es als Segen betrachteten, dass eine Heilige mit solch spiritueller Kraft ihr Geschäft betrat. Niemand wusste, wie alt sie war, aber Amma sagte, dass sie über hundertfünfzig Jahre alt war. Wenn sie jemanden berührte, der krank war, wurde er gesund.

Sie schwamm im Meer, ohne etwas anzuziehen. Manche Leute zogen ihr Kleidung an, aber das schien ihr nicht zu gefallen. Sie wanderte durch die Stadt, und niemand wollte sie stören. Sie sammelte Müll aus der Stadt, warf ihn ans Meeresufer, zündete ihn an, saß stundenlang davor und betrachtete das Feuer. Niemand wusste, was sie tat. Amma sagte, dass sie eine große Mahātmā war und so glaubten wir das. Es gibt ein Sprichwort, dass nur eine verwirklichte Seele eine andere verwirklichte Seele verstehen kann.

Es hat viele große heilige Frauen wie Mayamma gegeben. Ich wollte über eine der größten sprechen, aber die Zeit ist knapp. Wir werden bis zum nächsten Mal warten müssen. Dann werden wir über Andal sprechen. Sie war eine der Größten. Es gab viele große Seelen, es aber auch noch größere. Alle haben Gott erfahren, aber Andal war einzigartig.

Geschichten von Heiligen – 2

Heiliger Tulasīdāsa

Viele von uns haben vielleicht schon von Tulasīdāsa gehört. Er schrieb ein großartiges Buch, das Tulasī Rāmāyaṇa oder Rāmcharitmānas, eine hingebungsvolle Version des ursprünglichen Rāmāyaṇa, welches von Vālmīki verfasst wurde. Tulasīdāsa war ein großer Verehrer von Rāma und versuchte viele Jahre lang, Rāmas Vision zu erlangen. Doch trotz all seiner Bemühungen gelang ihm dies nicht. Jeden Tag ging er zum Gaṅgā, um Wasser zu holen, damit er sich nach dem Toilettengang reinigen konnte. Auf dem Rückweg goss er das restliche Wasser stets am Fuß eines Baumes aus. Eines Tages, als er wie immer am Baum vorbeikam, nachdem er das Wasser dort ausgeschüttet hatte, hörte er plötzlich eine Stimme: „Ich gebe dir einen Segen." Verwundert, woher die Stimme kam, trat er näher an den Baum heran. Da sagte die Stimme erneut: „Ich erfülle dir einen Wunsch. Welchen Segen wünschst du dir?"

Tulasīdāsa fragte: „Wer spricht da?"

„Ich bin ein Mind, der diesen Baum bewohnt und ich war sehr durstig. Ich bin dir dankbar, weil du mir jeden Tag dieses Wasser gibst. Also, was auch immer ich für dich tun kann, nenne es. Ich erfülle dir einen Wunsch."

„Ich möchte den Darśhan von Rāma haben."

„Das kann ich nicht tun, aber ich kenne jemanden, der es kann. Das ist Hanumān."

„Ich weiß auch, dass ich durch Hanumāns Gnade Rāma sehen kann, aber wo ist er?"

„Jeden Abend hältst du einen Vortrag über das Rāmāyaṇa. Die letzte Person, die nach dem Vortrag den Raum verlässt, ist ein Aussätziger, der sich im hinteren Teil des Raumes aufhält; das ist Hanumān. Er kommt nur, um sich an der Geschichte von Rāma zu erfreuen, er kommt in dieser Verkleidung. Geh also zu ihm und bitte ihn um Rāmas Darśhan."

So wartete Tulasīdāsa in dieser Nacht, bis alle aufgestanden und gegangen waren. Er sah, dass der letzte, der aufstand, ein Leprakranker hinten im Raum war, also ging er zu ihm, fiel ihm zu Füßen und rief: „Oh Hanumānji, bitte segne mich mit deiner Gnade!" Der Leprakranke stand einfach da und sagte schließlich: „Ich bin ein Niemand. Warum verneigst du dich vor mir?" „Nein, ich weiß, dass du Hanumānji bist." Er beharrte weiter, und schließlich sagte Hanumānji: „Okay, was willst du?" „Ich möchte Rāmas Darśhan." „Gut, geh nach Chitrakoot." Das war der Berg, wo Rāma und Sītā viele Jahre gelebt haben und der nicht weit von Tulasīdāsas damaligem Aufenthaltsort entfernt war. „Geh nach Chitrakoot und verehre Rāma dort, dann wirst du Rāmas Darśhan durch meine Gnade erhalten."

Tulasīdāsa befolgte Hanumāns Rat und erhielt tatsächlich zweimal Rāmas Darśhan, jedoch auf eine sehr seltsame Weise. Beim ersten Darśhan saß Tulasīdāsa da und machte die Rāma Pūja, als ein Wildschwein hereingerannt kam, alles umwarf und davonlief. Tulasīdāsa war sehr verärgert – seine Pūja war ruiniert, alles war schmutzig und stank. Kurz darauf erschien Hanumān und fragte: „Na, hast du Rām gesehen?" „Ich habe Rām nicht gesehen. Wo soll Rām gewesen sein? Ich habe hier gesessen und die Pūja gemacht, aber Rāma ist mir nicht erschienen. Du hast es mir doch versprochen!" Hanumān antwortete: „Dieses Wildschwein – das war Er. Er ist gerade mitten durch deine Pūja gerannt." „Wenn Er so aussieht – wie soll ich Ihn dann überhaupt erkennen?" „Gut", sagte Hanumān. „Du wirst Rāma noch einmal sehen."

Also führte Tulasīdāsa die Pūja an einem anderen Tag erneut durch. Am Ende der Zeremonie kamen viele Menschen, um das Prasād zu empfangen. Unter ihnen waren zwei Jungen: der eine hell, der andere dunkel. Tulasīdāsa war gerade dabei, das Prasād zu verteilen. Als er diesen beiden Jungen Chandan (Sandelholzpaste) auf die Stirn auftrug und sie dabei berührte, erkannte er plötzlich: Es waren Rāma und Lakṣhmaṇa. Von ekstatischer Freude überwältigt verlor er das Bewusstsein. Zwei oder drei Tage lang verweilte er in Glückseligkeit - erfüllt vom Anblick seines geliebten Herrn.

Jeder kann alles sein - ein Gott oder ein Dämon. Wir können nicht sagen, wer wer ist. Mahātmās tragen keine Schilder mit der Aufschrift: „Ich bin eine große Seele." In Wahrheit ist jeder eine Manifestation des Göttlichen. Durch spirituelle Praxis können wir das tatsächlich erfahren. Bis dahin ist es eine gute Idee, diese Haltung immer weiterzuentwickeln.

Uṇṇiyappam Swāmī

In der Küstenregion lebte eine sehr seltsame Gestalt namens Uṇṇiyappam Swāmī. Die meisten Leute dachten, er sei ein Bettler, aber er hatte eine ungewöhnliche Eigenschaft, die ihn von einem Bettler unterschied. Er hatte verfilzte Haare, die auf seinem Kopf gebunden waren, was an sich nicht ungewöhnlich ist - viele Sādhus tun das - aber wenn er entlang der Küste spazieren ging, kamen kleine Kinder und spielten mit ihm und machten sich über ihn lustig - ihr wisst ja, wie kleine Kinder sind. Er ließ sich nicht irritieren, sondern steckte seine Hände in sein Haar und zog fertig gekochte, heiße Unniyappams heraus und gab sie allen Kindern. Uṇṇiyappam ist eine Art Süßigkeit, die in Kerala gekocht wird. Er kochte sie auf seine eigene Weise. So bekam er den Namen „Uṇṇiyappam Swāmī."

Eines Tages ging er die Küste entlang und kam in das Dorf, in dem Amma geboren wurde. Das geschah kurz vor ihrer Geburt. Zu dieser Zeit war Ammas Mutter, Damayanti Amma, mit ihr schwanger. Sie lebten in der Nähe des Weges, der durch das Dorf am Meer entlangführt, jedoch nicht dort, wo jetzt der Āśhram ist. Damayanti Amma stand vor dem Haus, als Uṇṇiyappam Swāmī vorbeikam. Er kam zu ihr und gab ihr etwas heilige Asche (Vibhūti, Bhasma). Er sagte: „Parāśhaktī (die höchste Macht) ist in deinem Schoß und sie wird als deine Tochter geboren." Dann ging er einfach weiter. Heute haben Millionen von Menschen Amma als die Göttliche Mutter erfahren, aber wenn man Uṇṇiyappam Swāmī damals gesehen hätte, hätte man sich nicht vorstellen können, dass er so etwas wissen konnte.

Unter dem heutigen Āśhram

Als Ammas Vater, Sugunanandan ein junger Mann war, spielte er mit einem Freund im Vorgarten auf einem Cashewbaum, als ein Sādhu kam und zu lachen begann. Die Jungen fragte ihn: „Warum lachst du? Machst du dich über uns lustig?" „Nein, ich lache, weil ich mich hier so selig fühle. Dies ist ein heiliger Ort, unter dieser Erde gibt es viele Gräber heiliger Menschen – so viele Mönche wurden hier begraben. Es muss hier vor langer Zeit einen Āśhram gegeben haben." Dann verließ er einfach den Ort.

Amma sagt, dass es so ist – dass unter dem heutigen Āśhram sich ihr Āśhram aus einem früheren Leben befindet. Dies ist einer der Gründe, warum wir dort so viel Frieden und Glückseligkeit empfinden. Natürlich trägt die Tatsache, dass Amma ihr ganzes Leben dort gelebt und so viele Sādhaks dort Sādhanā machen, erheblich zum Frieden und zur Kraft des Ortes bei.

Mahātmās können jedes Alter haben

Wir brauchen nicht zu denken, dass nur alte Menschen Mahātmās sein können; auch junge Menschen können das sein. Nehmen wir als Beispiel Amma. Seit ihrer Jugend hat sie die Bhāva Darśhans manifestiert, obwohl es nicht jeder verstand, akzeptierten die meisten Menschen, dass sie eine große Seele war. Śhrī Suka Brahman, Śhrī Rāmakrishna Paramahaṁsa und Sri Ramaṇa Mahāṛiṣhi waren alle schon in ihrer Jugend Mahātmās.

Ihr habt vielleicht die Geschichte von Nācikētā in der Kathōpaṇiṣhad gelesen. Es ist eine klassische Geschichte darüber, wie ein junger Mensch ein großer Heiliger sein kann. Für diejenigen unter euch, die die Geschichte von Nācikētā nicht kennen, möchte ich darüber sprechen und auch ein wenig aus der Kathōpaṇiṣhad vorlesen.

Nācikētā und der Herr des Todes

Nācikētā war ein Teenager, als sein Vater beschloss, ein großes Ritual, eine Pūja, abzuhalten. In Indien gehört es zu einer großen Pūja dazu, den Priestern Geschenke zu geben. Nācikētā Vater hatte nicht viel Geld, aber er hatte einige völlig ausgetrocknete Kühe. Diese Kühe gaben weder Milch noch hatten sie Kälber. Was soll jemand mit einer alten, ausgedienten Kuh anfangen? Doch er gab all diese alten Kühe den Priestern, als wären sie ein wertvolles Geschenk. Als Nācikētā das sah, war er entsetzt. Er hatte die Schriften studiert und großes Vertrauen in die Veden. Er konnte nicht schweigen, denn was sein Vater tat, widersprach dem Dharma. Er wusste: Wenn man jemandem etwas Wertloses schenkt, wird man in Zukunft ein entsprechendes, negatives Ergebnis erfahren. Wenn man hingegen etwas Gutes gibt, wird auch das Ergebnis gut sein.

Um seinen Vater zu schützen, sagte er: „Vater, das ist nicht gut. Vielleicht könntest du mich stattdessen an sie verschenken." Der Vater sagte nichts. Nācikētā fragte erneut: „Vater, wem wirst du mich schenken?" Der Vater sagte nichts. Nācikētā fragte es drei oder vier Mal. Schließlich wurde sein Vater wütend. „Ich gebe dich Yama, dem Tod." Nācikētā sagte: „Gut." Er ging und begab sich zum Wohnsitz des Todes, dem Yamalōka. Doch als er dort ankam, war Yama nicht in seinem Palast anwesend. Also setzte sich Nācikētā drei Tage und drei Nächte vor das Tor.

Als Yama schließlich kam, war er schockiert, Nācikētā dort sitzen zu sehen. „Oh, dieser arme Junge, er sitzt hier schon seit drei Tagen!" Er lud ihn sofort in den Palast ein und sagte: „Hör zu, ich möchte etwas für dich tun, weil du mein Gast bist und drei Tage und drei Nächte ohne Essen und Wasser vor meinem Tor gesessen hast. Ich werde dir drei Wünsche erfüllen."

Was waren Nācikētās Wünsche?

Nācikētā sagte: „Okay, mein erster Wunsch: Wenn ich nach Hause zurückkehre, soll mein Vater nicht mehr wütend auf mich sein."

Yama sagte: „Okay, so sei es. Was willst du als zweiten Wunsch?"

„Ich habe gehört, dass es im Himmel kein Leid, keinen Kummer und keinen Tod gibt wie auf der Erde. Ich möchte wissen, wie man in den Himmel kommt – was ist der Weg zum Himmel?"

Yama sagte ihm: „Es gibt eine bestimmte Art der Verehrung, die du tun musst. Wenn du diese Pūja machst, wirst du nach deinem Tod in den Himmel kommen." Dann lehrte er ihn, wie man die Verehrung durchführt – es war eigentlich eine Feuerzeremonie – und sagte: „Dir zu Ehren werde ich diese

Zeremonie Nācikētā-Feuerzeremonie nennen. Was möchtest du als dritten Wunsch?"

Nācikētā sagte: „Wenn ein Mensch stirbt, bleibt ein Zweifel: Existiert er weiterhin oder nicht? Manche sagen, er existiere nicht mehr. Ich möchte, dass du mir die Wahrheit darüber lehrst. Das ist mein dritter Wunsch."

Manche Leute sagen, wenn man stirbt, ist alles zu Ende – das sagen die Materialisten. Andere meinen, dass man nach dem Tod weiter existiert. Also, da du der Gott des Todes bist, musst du es besser wissen als jeder andere. Ich möchte wissen, was nach dem Tod passiert. Werde ich weiter existieren oder nicht?

Yama sagte: „Dieser Zweifel hat sogar die Götter heimgesucht, denn das Geheimnis des Todes ist schwer zu erkennen. Nācikētā, bitte frag nach einem anderen Wunsch und entbinde mich von meinem Versprechen. Frag mich bitte nicht danach."

Nācikētā erklärte: „Selbst die alten Götter wurden von diesem Zweifel geplagt – denn es ist schwer zu erkennen, oh Tod, was du darüber sagst. Ich könnte keinen besseren Lehrer haben als dich, und es gibt keinen Wunsch, der diesem gleichkommt. Deshalb will ich nichts anderes – ich will wissen, was nach dem Tod geschieht."

Yama antwortete: „Bitte um Söhne und Enkel, die hundert Jahre alt werden; bitte um Viehherden, Elefanten, Pferde, Gold und Land. Frage danach, solange zu leben, wie du möchtest oder wenn dir etwas noch Begehrenswerteres einfällt, frag nach Reichtum und langem Leben, Nācikētā. Sei der Herrscher eines großen Königreichs, und ich werde dir die größte Fähigkeit geben, die Freuden des Lebens zu genießen."

Was macht er da eigentlich – will er ihn verführen? Nun ja, nennen wir es vielleicht lieber: Er versucht, ihn in Versuchung zu führen. Aber im Grunde – ja, man könnte sagen, er wollte ihn verführen. Doch Nācikētā durchschaut das. Er ist zu klug, um in Versuchung zu geraten.

Nācikētā sagte: „Diese Freuden dauern nur bis morgen und sie erschöpfen die Lebenskraft. Wie flüchtig ist doch alles Leben auf der Erde. Daher behalte deine Pferde und Wagen, deinen Tanz und deine Musik für dich. Niemals können Sterbliche durch Reichtum allein glücklich werden. Wie können wir nach Reichtum verlangen, wenn wir dein Gesicht sehen und wissen, dass wir nicht leben können, solange du hier bist? Dies ist der Wunsch, den ich wähle und den ich von dir verlange. Wenn ich einem Unsterblichen wie dir begegnet bin, wie könnte ich, dem Alter und Tod unterworfen, jemals versuchen, mich über ein langes Leben zu freuen, um die flüchtige Freude der Sinne willen? Vertreibe meine Zweifel, oh Tod: Lebt ein Mensch nach dem Tod weiter oder nicht? Nācikētā will keinen anderen Wunsch als das Geheimnis dieses großen Mysteriums."

Was für eine Art Mensch war Nācikētā? Er ist ein wahrer spirituell Suchender. Warum? Weil er nichts anderes will. Er möchte wissen, was nach dem Tod passiert. Mit anderen Worten: Existiert die Seele? Bin ich die Seele oder bin ich der Körper, der definitiv sterben wird? Er kann durch nichts anderes in Versuchung geführt werden.

Yama erklärte, dass die wahre Freude – die Freude des Selbst, des Ātman – immer gegenwärtig ist. Was den Sinnen angenehm erscheint, ist hingegen vergänglich. Beide – das, was innerlich erfüllt und das, was äußerlich reizt – bewegen den Menschen zum Handeln. Doch während es denen gut geht, die sich für die Freude des Ātman entscheiden, verfehlen jene das eigentliche Ziel des Lebens, die nur dem Angenehmen den Vorzug geben.

Yama erklärte, dass wir immer diese Wahl haben – die Freuden des Lebens zu wählen, was ganz natürlich ist; jeder möchte das – oder die Glückseligkeit des Selbst zu erreichen, was sehr schwer ist, aber für immer andauern wird. Die Freuden der Sinne, sie kommen und gehen – wir essen etwas Leckeres, es ist angenehm, und dann ist es wieder weg. Darauf müssen wir wieder etwas essen, aber wir können es nicht sofort tun, weil die Sinne sich erholen müssen – wir essen wieder, und dann ist es wieder weg. Es ist flüchtig. Es ist nur für einen Moment. So ist es mit allen sinnlichen Dingen: Sie kommen und gehen. Wir würden gerne ununterbrochen Tag und Nacht genießen können. Sinnesfreuden sind von Natur aus vergänglich. Sie können nur vorübergehende Freude bringen, doch irgendwann sind sie erschöpft. Sie verlieren ihren Reiz und müssen immer wieder neu angeregt werden. Es ist ein endloser Kreis wie ein Fass ohne Boden, das nie gefüllt werden kann. Doch die Weisen sagen, dass die wahre Glückseligkeit – die des Selbst, des Ātman – dauerhaft ist. Sie ist die wahre Essenz des Glücks. Immer wieder stehen wir vor der Wahl zwischen dem, was angenehm ist, und dem, was wirklich gut für uns ist. Dies wird im Sanskrit als Preyas und Shreyas bezeichnet.

Yama sagte: „Immerwährende Freude oder vorübergehendes Vergnügen. Das ist die Wahl, die man ständig immer wieder treffen muss. Die Weisen erkennen diese beiden, aber die Unwissenden nicht. Die Ersten begrüßen das, was zu bleibender Freude führt, auch wenn es zu Beginn schmerzhaft ist; die Letzteren rennen, von ihren Sinnen getrieben, dem nach, was scheinbar angenehm erscheint."

Wir werden immer vor diese Wahl gestellt. Nicht nur ab und zu, sondern in jedem Augenblick unseres Lebens haben wir die Wahl, entweder dem Angenehmen nachzujagen oder das Gute wählen. Dass was gut ist, fühlt sich am Anfang meist schmerzhaft an, aber wird am Ende Glückseligkeit bringen. Was angenehm ist, ist sehr leicht zu bekommen, aber am Ende müssen wir leiden.

„Es ist gut, dass du, Nācikētā, die vergänglichen Freuden abgelehnt hast, die den Sinnen so verlockend erscheinen und dich von den Wegen der Welt abgewandt hast – von Wegen, die die Menschheit dazu bringen, das wahre Ziel des Lebens zu vergessen. Weisheit und Unwissenheit liegen weit auseinander. Die Weisheit führt zur Selbstverwirklichung, während die Unwissenheit den Menschen immer weiter von seinem wahren Selbst entfernt. Ich halte dich für würdig, unterwiesen zu werden, Nācikētā, denn vergängliche Vergnügungen ziehen dich nicht mehr an."

Er sagt also zu Nācikētā: „Du bist ein guter Sādhak, und ich werde dich unterrichten. Es hat keinen Sinn, die Wissenschaft der Selbstverwirklichung an eine Person weiterzugeben, die völlig von den äußeren Genüssen abhängig ist – denn sie kümmern sich überhaupt nicht darum. Man sollte zumindest etwas Interesse haben, um überhaupt spirituelle Gespräche zu hören oder die heiligen Schriften zu lesen. Du hast natürlich viel mehr als nur ein Prozent Interesse."

„Es sind nur wenige, die vom Ātman hören; noch weniger widmen ihr Leben seiner Verwirklichung. Wunderbar ist derjenige, der darüber spricht; selten sind diejenigen, die es zum höchsten Ziel ihres Lebens machen. Dieses Erwachen, das du erfahren hast, kommt nicht durch Logik und Gelehrsamkeit, sondern durch enge Verbindung mit einem verwirklichten Lehrer. Weise bist du, Nācikētā, weil du das ewige Selbst suchst. Mögen wir mehr Suchende wie dich haben."

Wie also erlangen wir dieses Wissen? Hauptsächlich durch die Verbindung mit einer selbstverwirklichten Seele.

„Erkenne das Selbst als den Herrn des Wagens."

Jetzt unterrichtet er ihn. Er lobt ihn, weil er ein fähiger Sādhak ist; was ist nun dieses Selbst?

„Erkenne das Selbst als den Herrn des Wagens, den Körper als den Wagen selbst, den Intellekt als den Wagenlenker und den Mind als die Zügel; die Sinne sind die Pferde; egoistische Wünsche sind die Straßen, auf denen sie laufen."

Also, wir sind der Wagenlenker; der Körper ist der Wagen; unser Mind und unser Intellekt halten die Zügel, und woran sind die Zügel angeschlossen? An die Sinne. Wohin wenden sich die Sinne? Wenn die Straße die Sinnesobjekte ist, dann gehen sie dorthin – sie gehen entlang der Straße. Die Straßen sind also die Sinnesobjekte. Genau wie der Sehsinn die Objekte sieht, die Nase schöne Gerüche riecht, die Ohren schöne Musik hören – sind die Sinnesobjekte wie Straßen. Jeder einzelne Sinn ist wie ein Pferd. Der Mind hält die Zügel und entscheidet, welches Pferd wohin gehen soll. Das ist die Bedeutung.

„Wenn es einem an Unterscheidungsvermögen mangelt und sein Mind undiszipliniert ist, laufen die Sinne wie wilde Pferde hin und her."

Wenn jemand keine Kontrolle oder Unterscheidungsvermögen hat, gehen die Sinne einfach in jede beliebige Richtung. Das haben wir alle wahrscheinlich schon einmal erlebt. Manchmal gehen wir durch die Küche, sehen etwas Leckeres auf dem Tisch und gehen einfach hin, obwohl wir eigentlich woanders hinwollten. Unsere Augen springen dorthin, die Nase folgt, und nach ein paar Momenten ist auch unsere Zunge dabei. Warum passiert das? Weil die Zügel locker sind, das Unterscheidungsvermögen fehlt. Wir folgen einfach unseren Sinnen, ohne nachzudenken. Das passiert ständig: Die Ohren, die Augen – alles wird vom Mind in die Richtung gezogen, in die die Sinne gerade weisen.

„Wenn jemand Unterscheidung hat und seinen Mind auf einen Punkt ausgerichtet, dann wird der Mind rein und kann den Zustand der Unsterblichkeit erreichen. Diejenigen, die diesen Zustand nicht erreichen, wandern von Tod zu Tod. Aber diejenigen, die einen ruhigen Mind und ein reines Herz voller Unterscheidungsvermögen besitzen, erreichen das Ende der Reise und fallen nie wieder in die Klauen des Todes. Mit einem unterscheidenden Intellekt als Wagenlenker und einem geschulten Mind als Zügel erreichen diese Menschen das höchste Ziel des Lebens: mit dem Herrn der Liebe vereint zu sein."

Wenn wir also die Zügel in unseren Händen haben, wenn unsere Sinne so handeln, wie wir es wollen, anstatt dass wir so handeln, wie sie es wollen, dann wird der Mind ruhig. Denn das Einzige, was den Mind wirklich aufwühlt, sind die wandernden Sinne. Wenn die Sinne unter Kontrolle sind, wird auch der Mind ruhig. In diesem ruhigen Mind wird dann der Herr der Liebe, der Paramātman, in uns selbst reflektiert. Das ist der Zustand der Unsterblichkeit, wenn wir Gott erkennen.

„Steh auf! Wache auf! Suche die Führung eines verwirklichten Meisters und erkenne das Selbst."

Es gibt ein bekanntes Sprichwort, das die meisten von uns vielleicht gehört haben und es stammt von hier:

„Scharf wie eine Rasierklinge", sagen die Weisen, „ist der Weg, der schwer zu beschreiten ist."

Der spirituelle Weg ist also genauso scharf wie eine Rasierklinge. Das bedeutet, es erfordert enorme Disziplin und Präzision, um den Mind zu zähmen.

„Das Höchste Selbst ist jenseits von Name und Form, jenseits der Sinne, unerschöpflich ohne Anfang, ohne Ende. Der selbst existente Herr hat die Sinne nach außen gewandt; So schauen wir auf die Welt da draußen und sehen nicht Ātman in uns."

Der Herr hat unsere Sinne so erschaffen – unser Mind geht nach außen, er fließt durch die Sinne nach außen, sodass wir das verpassen, was innen ist, nämlich Ātman, den wahren Schatz.

„Ein Weiser zog seine Sinne aus der Welt zurück, aus der stets veränderlichen Welt und suchte die Unsterblichkeit, er schaute nach innen und sah das unsterbliche Selbst –Ātman."

Ein spiritueller Mensch – ein Suchender, ein Weiser oder ein Heiliger – der den Wunsch hat, den Tod zu überwinden, spricht nicht vom Tod des Körpers, sondern von dem Gefühl zu sterben, wenn der Körper stirbt. Ein solcher Mensch, erfüllt von diesem Wunsch, bringt seine Sinne zur Ruhe, wendet sich nach innen und sucht das Selbst. Schließlich erhält er die Vision des Ātman und erlangt Unsterblichkeit.

Nācikētā fragte: „Wie kann man diesen Zustand verwirklichen?“ Yama antwortet: „Ātman ist formlos und kann niemals mit diesen beiden Augen gesehen werden. Aber er offenbart sich in dem Herzen, das durch Meditation und Beherrschung der Sinne gereinigt wurde. Wenn man Ihn erkennt, wird man für immer aus dem Kreislauf von Geburt und Tod befreit. Wenn die fünf Sinne zur Ruhe kommen, der Intellekt und der Mind still sind, dann wird dies von den Weisen als höchster Zustand bezeichnet. Sie sagen, Yōga sei diese vollständige Stille, in der man in den Zustand des Eins-Seins eintritt, um nie wieder getrennt zu werden. Wenn man nicht in diesem Zustand verankert ist, wird das Gefühl des Eins-Seins kommen und gehen. Dieser Zustand kann nicht durch Worte oder Gedanken oder durch die Augen erreicht werden. Wie kann er erreicht werden außer durch einen, der selbst in diesem Zustand verankert ist? Es gibt zwei Selbst: das immer separate Ego und den unteilbaren Ātman. Wenn man sich über „ich“ und „mich“ und „mein“ erhebt, offenbart sich Ātman als das wahre Selbst des Menschen. Wenn alle Wünsche, die im Herzen aufsteigen, aufgegeben werden, wird der Sterbliche unsterblich. Wenn alle Knoten, die das Herz erdrosseln, gelöst sind, wird der Sterbliche unsterblich. Dies fasst die Lehre der Upaniṣhaden zusammen. Der Herr der Liebe, der nicht größer als ein Daumen ist, ist immer in den Herzen aller verankert. Ziehe Ihn aus der physischen Hülle heraus, wie man einen Halm aus dem Gras zieht. Erkenne, dass du rein und unsterblich bist; erkenne dich selbst als rein und unsterblich.“

„Nācikētā lernte vom König des Todes die ganze Disziplin der Meditation und befreite sich von jeglichem Gefühl der Trennung. Er erlangte Unsterblichkeit in Brahman, dem Höchsten Wesen. So gesegnet ist jeder, der das Selbst kennt.“

Die Botschaft ist sehr klar: Beruhige den Mind durch spirituelle Praxis; dann kann man die Vision Gottes oder die Vision des Selbst erlangen. Das ist der höchste Zustand. Dann verschwindet die Individualität im Ozean der Glückseligkeit. Das ist der Zustand der Unsterblichkeit. Nācikētā ist ein Beispiel für einen jungen Menschen in alten Zeiten, der Selbstverwirklichung erlangte. Es gab eine andere junge Heilige, Andal, die Amma in vielerlei Hinsicht ähnelte.

Andal und Bhagavan Viṣhṇu

Während des 5. bis 9. Jahrhunderts in Tamil Nadu in der Nähe von Madurai wurden viele große Verehrer des Gottes Viṣhṇu geboren. Sie wurden als „Alwars" bekannt, was so viel bedeutet wie „die Menschen, die in das Bewusstsein Gottes eingetaucht sind". Einer von ihnen hieß „Periyalwar", was „der ältere Alwar" oder „der große Alwar" bedeutet, weil er eine einzigartige Beziehung zu Gott hatte. Sein Iṣhṭa Dēvatā (bevorzugte Gottheit) war Kṛiṣhṇa, und er liebte Krishna wie Eltern ein Kind lieben. Also verehrte er den kleinen Kṛiṣhṇa, Balakrishna und empfing die Vision Gottes in dieser Form.

Periyalwar war für seine Heiligkeit bekannt; selbst Könige kannten ihn und respektierten ihn. Seine Hingabe an Viṣhṇu äußerte sich darin, dass er Blumengärten und Tulasī-Gärten anlegte (Tulasī ist die Basilikumpflanze, die Viṣhṇu sehr gerne mag). Aus diesen Blumen machte er jeden Tag eine große Girlande und brachte sie abends im Tempel dar.

Eines Tages war er im Garten und entfernte Unkraut um die Tulasī-Pflanzen, als er zu seinem Erstaunen ein kleines Mädchen fand. Sie lag einfach dort unter den Tulasī-Pflanzen. Er schaute sich nach ihren Eltern um, aber niemand war zu sehen. Da dachte er: „Das muss ein Geschenk Gottes für mich sein.' Also nahm er das kleine Mädchen mit nach Hause und begann, sie wie seine eigene Tochter aufzuziehen. Er nannte sie „Goda", was bedeutet: „von der Erde geboren". Er erzog sie so wie sich selbst, als Verehrerin Gottes. Als sie sah, wie er jeden Tag Gott verehrte und in der Gott-Bewusstheit versunken war, ahmte sie ebenfalls all seine hingebungsvollen Handlungen nach.

Goda hatte eine sehr schöne Haltung zu Gott, aber sie unterschied sich sehr von der ihres Vaters. Sie fühlte, dass Viṣhṇu ihr Geliebter war und wollte ihn heiraten. Goda wollte die Braut Gottes sein. Ihr habt vielleicht von der Brautmystik gehört. Nun, es war so, wie wenn man Gott als seinen Geliebten betrachtet und Ihn heiraten möchte und eins mit Ihm werden, sich für immer mit Ihm vereinen möchte. Sie hatte diese Einstellung. Dieses Gefühl gegenüber Viṣhṇu war für sie ganz natürlich.

Periyalwar machte diese schönen Girlanden und legte sie dann in einen Korb. Nachdem er abends gebadet hatte, nahm er sie zum Tempel und brachte sie Gott dar. Wenn er zum Baden ging, nahm Goda die Girlande, hängte sie sich um, stand vor einem Ganzkörperspiegel und dachte: ‚Bin ich schön genug für Bhagavān?' Sie fragte sich, ob Bhagavān sie heiraten würde oder nicht, und sie überprüfte nur, ob sie gut aussah. Dann nahm sie die Girlande ab und legte sie zurück in den Korb, bevor ihr Vater kam.

So ging es viele Wochen lang. Eines Tages beschloss Bhagavān, dass jeder von Godas Hingabe erfuhr. Als Periyalwar die Girlande eines Abends zum Tempel brachte, ließ Bhagavān den Priester bemerken, dass sich ein langes schwarzes Haar in der Girlande befand.

Der Priester sagte: „Was ist das? Das ist ein Haar! Jemand anderes hat diese Girlande getragen! Was für ein Unsinn ist das? Kannst du das Gott anbieten? Du hast es schon jemand anderem gegeben!" Periyalwar war schockiert. Er nahm die Girlande und ging nach Hause. Er schwieg gegenüber Goda. Statt etwas zu sagen, beschloss er, abzuwarten – vielleicht würde sich eine Gelegenheit ergeben, sie auf frischer Tat zu ertappen.

Am nächsten Tag machte er eine weitere Girlande, legte sie in den Korb und ging hinaus, als ob er ein Bad nehmen würde, aber er ging um das Haus herum und stand am Fenster. Von dort sah er Goda; sie legte die Girlande an, stand vor dem Spiegel und drehte sich nach allen Seiten. Es war nicht so, dass sie sich selbst bewunderte. Sie fragte sich nur, ob Bhagavān mit ihr als Ehefrau glücklich sein würde. Und dann stürzte er herein.

„Was ist das für ein Sakrileg? Das ist ja schrecklich! Wer hat dir so etwas beigebracht?" Goda senkte den Blick. Sie fühlte sich verlegen und schwieg. Auch an diesem Abend brachte er es nicht übers Herz, die Girlande Bhagavān darzubringen. Aufgewühlt legte er sich schlafen. Doch in dieser Nacht hatte er einen ungewöhnlich lebendigen Traum.

Bhagavān Viṣhṇu erschien ihm und sagte: „Periyalwar, biete mir keine Girlanden mehr an, außer denen, die Goda getragen hat, denn der Duft ihrer Liebe verleiht dieser Girlande so viel, dass mir die anderen nicht mehr gefallen. Sorge dafür, dass sie die Girlande zuerst trägt und bringe sie dann zu mir." Periyalwar war mehr als überrascht! Er erkannte, dass dieses Kind ein göttliches Kind war, ein Liebling Gottes. Periyalwar änderte daraufhin ihren Namen in Andal, was bedeutet: „jemand, der in den Eigenschaften Gottes eingetaucht ist." Eine, um es mit anderen Worten zu sagen, die voller Gott ist.

Andal ging jeden Morgen mit ihren Freundinnen (besonders im Winter, im Dezember und Januar) zum Baden in den Tempelteich und dann gingen sie alle zum Kṛiṣhṇa-Tempel und sangen Lieder für ihn, in denen sie ihn baten, zu erwachen, sie zu heiraten und die Welt mit Frieden zu segnen. Diese Lieder sind wunderschön und voller Hingabe. Ein Lied mit dreißig Strophen namens Tiruppavai wird, obwohl es vor zwölfhundert Jahren komponiert wurde, in diesem Monat in allen Viṣhṇu-Tempeln in Südindien und in den Häusern aller Vaishnavas, der Verehrer von Viṣhṇu, gesungen.

Das ging eine ganze Weile so weiter. Inzwischen war Andal zu einer jungen Frau herangewachsen und es wurde Zeit, an ihre Heirat zu denken. Periyalwar begann sich Sorgen zu machen. Ihre tiefe Liebe zu Gott schien fast schon wie eine Art Besessenheit. Wie viele andere dachte auch er: „Wenn sie erst verheiratet ist, wird sie wieder mit beiden Füßen auf dem Boden stehen." Also begann er, nach einem passenden Bräutigam zu suchen. Doch als Andal davon erfuhr, war sie, ganz wie Amma auch, zutiefst aufgebracht.

Vielleicht habt ihr in Ammas Biografie gelesen, wie oft ihre Eltern versucht haben, sie zu verheiraten. Doch es war schlicht unmöglich. Jedes Mal legte Amma Hindernisse in den Weg – auf eine Art, die nicht nur wirksam, sondern oft auch ziemlich außergewöhnlich war. Als man einmal einen Jungen ins Haus brachte, um ihn ihr vorzustellen, stellte sich Amma ans Küchenfenster, hielt einen schweren Steinmörser in der Hand und begann, ihn so heftig zu schütteln, als wollte sie damit alles kurz und klein schlagen. Der potenzielle Bräutigam bekam einen gewaltigen Schrecken und rannte davon, ohne sich noch einmal umzusehen. Amma tat noch viele solcher Dinge, um ihren Eltern zu zeigen, dass dieser Weg nicht der ihre war. Schließlich gaben sie auf.

Später suchten sie Rat bei einem Astrologen. Dieser sagte ihnen, sie könnten sich glücklich schätzen, dass ihre Versuche gescheitert waren. Hätten sie sie verheiratet, wäre ihr Ehemann wahrscheinlich bald gestorben. Amma war nie dazu bestimmt, jemanden zu heiraten. Sie ist eine göttliche, yōgische Seele – durch und durch. Ein Blick auf ihr Horoskop genügte dem Astrologen, um zu erkennen: Der Weg der Ehe war nicht der ihre, denn ein Ehemann würde ihr im Leben niemals begegnen.

Genauso wollte auch Andal nicht heiraten. Periyalwar war ein Mahātmā, kein gewöhnlicher Mensch. Er wollte sie nicht zwingen. Ihm war bewusst, dass sie eine Heilige war, also sagte er: „Okay, was möchtest du? Was willst du mit deinem Leben anfangen?"

„Ich möchte nur Bhagavān heiraten."

„Welchen Bhagavān möchtest du heiraten?"

„Viṣhṇu."

„Welchen Viṣhṇu? Es gibt so viele Viṣhṇus."

„Was meinst du, es gibt so viele Viṣhṇus?"

„Nun, es gibt so viele Viṣhṇu-Tempel."

So fing er an, über die verschiedenen Viṣhṇus zu sprechen, es gibt diesen Viṣhṇu und jenen Viṣhṇu. Schließlich, als er über Ranganathan in Srirangam sprach, es gibt einen wunderschönen Viṣhṇu-Tempel in Srirangam, wurde sie rot. Er musste keine weiteren Fragen stellen. In seinem Herzen verstand er sofort: Das war der Viṣṇu, den sie zu heiraten wünschte. Es war derselbe Viṣṇu, den sie immer wieder in ihren Träumen gesehen hatte, den sie in tiefer Meditation geschaut hatte, der Geliebte ihres Herzens, der Herr ihrer Seele.

Also dachte er: „Na gut, wie soll ich dieses Mädchen mit einem Stein verheiraten? Unmöglich. Obwohl Viṣhṇu kein Stein ist, ist Sri Ranganatha definitiv in der Form eines Steins. Wie werde ich meine fleischliche Tochter mit einem steinernen Gott verheiraten?" Er war in der Klemme. In dieser Nacht hatte er einen Traum, in dem Ranganatha sagte: „Mach dir keine Sorgen, ich werde alles arrangieren."

Periyalwar rief alle seine Verwandten zusammen, setzte Andal in eine Sänfte und begann, sie zum Tempel in Sri Rangam zu bringen. In der Zwischenzeit erschien Sri Ranganatha den Priestern dort und sagte: „Meine Geliebte, meine Braut, kommt. Bereitet alles für die Hochzeitszeremonie vor."

Als sich alle in der Nähe des Tempels trafen, empfingen die Priester sie mit allen Ehren, als sei sie die Geliebte Gottes. Niemand hatte eine Ahnung, was passieren würde, wie diese Hochzeit ablaufen könnte. Sie müssen gedacht haben: ‚Okay, wir bringen Andal höchstens dazu, in den Tempel zu gehen, wir vollziehen einige Rituale und dann ist es vorbei. Sie geht nach Hause zu ihrem Vater und sie wird glücklich für den Rest ihres Lebens sein, denn sie hat Gott geheiratet.' Das dachten sie natürlich. Aber so ist es nicht gewesen.

Sie gingen in den Tempel, und als Andal Sri Ranganatha sah – sie hatte dieses Bild Gottes noch nie gesehen – stiegen ihr Tränen in die Augen und sie wurde strahlend. Wie in Trance ging sie auf das Bild im Tempel zu, stand daneben und begann immer mehr und mehr zu leuchten, bis sie einfach im Licht verschwand.

Alle, die dort waren, standen unter Schock. Besonders Periyalwar, der seine Tochter verloren hatte. Doch dann wurde ihm alles klar; er erkannte, dass sie die Göttliche Mutter selbst war.

Etwas ganz Ähnliches geschah auch einer anderen großen Heiligen – Mīrābāī. Mīrābāī war ganz und gar in Krishna verliebt. Ihre Liebe war so tief, so vollkommen, dass sie ihr ganzes Leben ihm widmete – bis zum letzten Moment. Sie ging in einen Krishna-Tempel in Dwārakā, stieg die Stufen zum Bildnis des Herrn hinauf – und verschmolz dort mit dem Licht. Von Mīrābāī gibt es keinen Samādhi, kein Grab. Genauso wie Andal verschwand auch sie auf geheimnisvolle Weise – als hätte sich ihre Form einfach in das Göttliche aufgelöst. Ein bengalischer Verehrer, der tief berührt war von Andal und ihrer Geschichte, schrieb später ein wunderschönes Gedicht zu ihren Ehren.

> Wie eine gesegnete Quelle, tief aus dem Innersten deines reichen Herzens, strömte deine klare, heilige Liebe und Ekstase zu Gott, oh Heilige.

Wie ein Vogel, der freudig seine Flügel ausbreitet, überflogst du den höchsten Gipfel der Hingabe, und Himmel und Erde wurden froh, trinken noch immer tief vom ambrosischen Klang deines Liedes.

Deine Liebe war nicht von dieser Welt, kein weibliches Herz hat je mit solcher Sehnsucht nach irdischer Liebe verlangt. So hast du den großen Gott selbst geheiratet, ein Ziel jenseits unseres Verstehens, jenseits unserer dunklen Ahnung.

Seele zu Seele, wie ein Sonnenstrahl in die Sonne, bist du entschwunden, oh mystische Eine.

Glaube an Amma

Perfekter Glaube ist Selbstverwirklichung

Amma sagt – und wir wissen es, wir sind alle spirituell gesinnt – dass das Ziel des menschlichen Lebens die Verwirklichung Gottes ist; dass unser Durst nach Glück nie aufhört, egal was wir tun und er nur in der Glückseligkeit der Erkenntnis Gottes gestillt werden kann. Weil dieser Durst unendlich ist, kann ihn nur etwas Unendliches stillen. Nichts, was wir tun, das endlich ist und nur endliches Vergnügen bringt, kann uns die Zufriedenheit geben, die wir suchen. Wir können diesen Durst niemals abstellen. Wir können nie sagen: „Hey, ich habe genug davon! Ich werde einfach glücklich sein." Man kann nicht einfach glücklich sein, es sei denn, man verschmilzt mit Gott oder erkennt sein wahres Selbst.

Damit das möglich ist, erklärt Amma, brauchen wir vollkommenen Glauben. Tatsächlich ist vollkommener Glaube Selbstverwirklichung, Verwirklichung Gottes. Das ist eine ziemlich rätselhafte Aussage. Was meint sie damit? Gegenwärtig sind für uns die Welt und der Körper real. Sie sind die einzige existierende Realität. Gott oder Ātman, das Selbst, existieren für uns nicht. Sie scheinen nur abstrakte Begriffe zu sein. Die Menschen benutzen das Wort Gott auf viele Weisen und das ist so ziemlich die einzige Realität, die es von Gott gibt – nur ein Wort, keine Erfahrung. Wenn wir das Gefühl haben, dass Gott nicht real ist, dass Ātman nicht existiert und der Körper, die Persönlichkeit und die Welt real sind, dann bedeutet das, dass wir unter dem Einfluss von Māyā, der kosmischen Illusion, stehen. Wegen dieser Illusion fühlen wir nicht die unendliche Glückseligkeit der Verwirklichung Gottes.

Amma sagt, dass wir genau das Gegenteil kultivieren müssen: Gott allein existiert, nur Ātman ist real, der Körper, die Persönlichkeit, die Welt sind unwirklich und es sind nur Träume in der kosmischen Existenz, im reinen Bewusstsein. Wir müssen nicht nur so denken und es kultivieren, sondern auch danach leben, was noch schwieriger ist. Das ist in der Tat die Hauptschwierigkeit im spirituellen Leben. Spirituelles Leben bedeutet nicht nur, das Mantra 108-mal morgens und abends wiederholen, zum Tempel gehen, eine Pūja machen, meditieren, heilige Orte und Amma besuchen. Nein. Das ist nicht alles im spirituellen Leben. Echtes spirituelles Leben bedeutet, nach dem Glauben zu leben, dass Gott allein existiert und nur Ātman real ist. Alles andere ist ein Traum. Das ist wahre Spiritualität, das ist wahre Religion, das ist Dharma, das ist Tapas (Enthaltung), das ist alles im spirituellen Leben.

Der Atheist, der von einer Klippe fiel

Viele von euch haben diese Geschichte sicher schon gehört, aber sie ist sehr treffend. Es ist eine sehr lustige Geschichte über einen Atheisten, der beim Laufen von einer Klippe fiel. Während er fiel, hielt er sich an einem Ast fest, der aus dem Berghang ragte. Er klammerte sich daran fest. Etwa dreihundert Meter unter ihm war ein Abgrund, in den er zu stürzen drohte. Er würde zerschmettert werden und in Stücke zerspringen. Während er sich festhielt, wurde er immer schwächer, sodass er sich nicht mehr festhalte konnte. Er versuchte sein Bestes, um einen Ausweg aus dieser misslichen Lage zu finden. Schließlich kam ihm eine Idee: „Gott!“ Bis dahin hatte er sich nie um

Gott gekümmert. Er hatte nie an Gott gedacht jetzt dachte er: „Gott!" Also rief er: „Oh Gott!"

Keine Antwort. Also dachte er: „Was kann ich verlieren? Ich versuche es noch einmal. Vielleicht hat Er mich nicht gehört." „Oh Gott! Wenn Du mich nur rettest, werde ich für den Rest meines Lebens an Dich glauben. Ich werde Deinen Namen in der ganzen Welt verbreiten!"

Keine Antwort. Stille.

„Oh Gott, hörst Du mich nicht? Wirklich, wenn Du mich rettest, werde ich an Dich glauben."

Stille. Nach einem Moment kam eine gewaltige donnernde Stimme aus dem Tal: „Das sagt ihr alle, wenn ihr in Schwierigkeiten seid."

Der Mann war begeistert. „Nein, nein, Gott. Ich bin anders! Ich werde tun, was Du mir sagst. Rette mich nur und ich werde Deinen Namen in der ganzen Welt verbreiten!"

„Also gut, lass den Ast los."

„Was? Hältst Du mich für verrückt?!"

Das war sein Glaube; nur so viel Glaube hatte er! Selbst als er die Stimme Gottes hörte, konnte er sie nicht befolgen. Er hatte zu viel Vertrauen in die materielle Welt.

Das ist der Kern des Problems. Amma sagt: „Habt Vertrauen in Gott. Habt Vertrauen in einen gottverwirklichten Guru. Alles wird gut. Das ist der magische Schlüssel, um vollkommen zu werden, um glücklich zu sein." Aber wenn es darum geht, die praktischen Probleme mit Glauben an Gott zu überwinden, schwindet unser Glaube irgendwie völlig und wir sind wieder in der Welt. Solange wir Bhajans singen oder auf Ammas Schoß sitzen, ist alles in Ordnung. Doch sobald ein Problem auftaucht, verflüchtigt sich alles.

In der Bhagavad Gītā wird großer Wert auf den Glauben gelegt, in dem Sinne, dass wir genau das sind, was unser Glaube ist. Aus der Sicht Gottes oder einer verwirklichten Seele könnte man sagen, dass unser Zustand durch die Intensität oder das Maß unseres Glaubens bestimmt wird. Krishna sagt in der Gītā: „Der Glaube eines jeden entspricht seinem Wesen. Der Mensch ist aus seinem Glauben gemacht. Wie der Glaube eines Menschen ist, so ist er." – Kapitel 17, Vers 3

So sind wir also. Woran wir glauben, wie viel Glauben wir haben, das ist unsere Stufe in der spirituellen Entwicklung. Wir alle glauben immer an etwas, denn wie wir jetzt in Ammas Worten lesen werden, können wir ohne Glauben nicht existieren. Wir würden einfach aufhören zu sein. Warum?

Glaube ist für die Verwirklichung Gottes notwendig

Einmal fragte jemand Amma: „Ist es nicht blinder Glaube zu sagen, dass es einen Gott gibt?" Tatsächlich sagt Amma, dass es so etwas wie blinden Glauben nicht gibt; jeder Glaube ist blinder Glaube. Warum? „Kinder, jeder Mensch lebt durch den Glauben." Das sind Ammas Worte. „Wir setzen einen Fuß vor den anderen im Vertrauen darauf, dass nichts Gefährliches vor uns liegt. Wir würden unseren Fuß nicht absetzen, wenn wir glauben würden, dass eine giftige Schlange vor uns ist. Wir essen in Restaurants, weil wir glauben, dass dies ungefährlich ist. Aber es gibt doch Menschen, die an Lebensmittelvergiftung sterben, nicht wahr? Das Leben selbst wäre unmöglich, wenn wir nicht blind glauben würden.

„Wenn wir in einen Bus steigen, vertrauen wir blind dem Fahrer, obwohl er ein völlig Fremder ist. Vielleicht hat er sogar schon mehrere Unfälle verursacht. Wie viele Bus- und Autounfälle ereignen sich täglich? Was bringt uns dann dazu, wieder in einen Bus oder ein Auto zu steigen? Glaube, nicht wahr? Was ist mit Reisen im Flugzeug? Normalerweise überlebt bei einem

Flugzeugabsturz niemand und doch glauben wir, dass der Pilot uns sicher ans Ziel bringt.

Betrachten wir den Fall eines Geschäftsmanns. Was bringt ihn dazu, ein Unternehmen zu gründen? Ist es nicht der Glaube, dass er damit Gewinn machen kann? Welche Garantie gibt es, dass all diese Dinge so eintreten, wie wir es erwarten? Überhaupt keine. Warum machen wir trotzdem weiter? Wegen des Glaubens!“

Amma unterscheidet zwischen dem Glauben an weltliche Dinge und dem Glauben an Gott, Spiritualität oder verwirklichte Menschen. „Echter Glaube ist jedoch anders als der oben erwähnte gewöhnliche Glaube. Glaube sollte aus sinnvollen Prinzipien geboren werden. Nur dann kann man ihn Glauben nennen. Durch einen solchen Glauben lebten unsere Vorfahren in Einklang mit Gott. Keiner von ihnen glaubte blind.“

Was meint sie damit? Sie glaubten nicht nur an Gott, sondern erlebten ihn. „Diejenigen, die Gott direkt gesehen haben, sind Zeugen seiner Existenz. Ihr Zeugnis wird nicht ungültig, nur weil wir ihn nicht gesehen haben. Diejenigen, die ihn gesehen haben, weisen anderen den Weg, ebenfalls Gott zu sehen. Es ist nicht richtig, ihr Zeugnis abzulehnen, nur weil wir Ihn noch nicht erfahren haben, oder? Ist es nicht eine Art blinder Glaube etwas abzulehnen, ohne es auszuprobieren?

Einige Skeptiker zweifeln daran. Nur weil die Ṛṣhis oder ein Mahātmā sagen, dass sie Gott gesehen haben und auch wir versuchen sollte, Gott zu sehen, indem wir ihren Anweisungen folgen, warum sollten sie das glauben? Woher weiß ich, dass sie Gott gesehen haben? Was ist der Beweis? So zu fragen ist, als ob man sagt, dass man seinem Großvater nicht glaubt, wenn er sagt, dass er seinen Großvater gesehen hat. Das kann nicht bewiesen werden, aber wir akzeptieren sein Wort. Genauso sollten wir die Autorität großer Menschen oder Weiser akzeptieren, wenn sie sagen, dass Gott existiert, sie Gott gesehen haben und es einen Weg gibt, Gott zu verwirklichen. Der Glaube an eine verwirklichte Person oder einen Meister ist sehr wichtig. Das ist der Ausgangspunkt für die Gottverwirklichung.

„Um zu einem unbekannten Ort zu gelangen, muss man seinem Reiseführer vertrauen. Wenn dies der Fall ist, um ein physisches Ziel zu erreichen, was spricht dagegen, den Glauben in eine verwirklichte Seele zu setzen, um die höchst subtile und geheimnisvolle Realität zu erreichen?“

Sei wie ein Kind

Glaube ist notwendig für die Verwirklichung Gottes, aber das ist noch nicht alles. Glaube ist notwendig für ein gutes Leben. Tatsächlich ist das das Geheimnis, um ein perfektes Leben zu entwickeln. Das geschieht durch den Glauben an Gott oder den Glauben an einen Guru. Amma erklärt weiter, warum das so ist:

„Der Glaube an Gott gibt einem die mentale Stärke, den Problemen des Lebens zu begegnen. Der Glaube an die Existenz Gottes ist eine schützende Kraft. Er gibt dem Menschen das Gefühl, sicher und vor allen bösen Einflüssen der Welt geschützt zu sein. An die Existenz einer höchsten Macht zu glauben und entsprechend zu leben, nennt man Religion. Wenn wir religiös werden, entsteht Moral, die uns wiederum hilft, uns von schädlichen Einflüssen fernzuhalten. Wir werden nicht trinken, wir werden nicht rauchen, wir werden aufhören, unsere Energie durch Klatsch und unnötiges Gerede zu verschwenden. Moral oder Reinheit des Charakters ist ein Sprungbrett zur Spiritualität.

Der Glaube führt zu diesen Stufen echter Spiritualität, ganz zu schweigen von dem Vorteil, den Mind friedlich und stark inmitten der Probleme des Lebens zu halten. Wir werden auch Eigenschaften wie Liebe, Mitgefühl, Geduld, geistiges Gleichgewicht und andere positive Charakterzüge entwickeln. Diese helfen uns, alle Menschen gleichermaßen zu lieben und ihnen zu dienen. Religion ist Glaube. Wo Glaube ist, da ist Harmonie, Einheit und Liebe. Ein Ungläubiger zweifelt immer. Er glaubt nicht an die Einheit oder an die Liebe. Er mag es, zu spalten und zu trennen. Alles ist Nahrung für seinen Verstand. Ein Ungläubiger ist unruhig und kann nicht in Frieden leben. Er stellt immer Fragen, daher ist das Fundament seines gesamten Lebens instabil und zersplittert, weil ihm der Glaube an ein höheres Prinzip fehlt."

Wir lesen das Bhāgavatam, das Rāmāyaṇa, das Mahābhārata und andere alte Geschichten, die die Weisen vor Tausenden von Jahren geschrieben haben. Die Ṛiṣhis sagen, dass wir diese Bücher nicht mit unserem Intellekt lesen sollten. Wir müssen nicht versuchen, die beabsichtigte oder innere Bedeutung der Geschichten zu verstehen. Wir sollten diese Texte so lesen, wie Kinder Geschichten lesen – mit offenem Herzen und kindlicher Neugier. Das hilft, unseren Mind zu reinigen und wieder unschuldig und offen wie ein Kind zu sein. Immer wenn Amma hierherkommt, erinnert sie uns daran, dass wir zu sehr im Kopf leben. Genau das ist der Grund, warum wir nicht wirklich glücklich sind – unser Herz ist trocken geworden. Denken, Verstehen und Wissen entspringen dem Intellekt. Doch was uns fehlt, ist Gefühl. Wir haben verlernt, es wirklich zuzulassen – und noch seltener setzen wir es ein.

Es ist nichts falsch am Intellekt, wir brauchen ihn, aber das sollte nicht das primäre Zentrum unseres Lebens sein. Das sollte das Herz sein. Das ist der Ort, an dem Gott wohnt. Dort strahlt Ātman. Dort fühlen wir. Der Verstand ist nur unser Assistent und sollte den Befehlen des Herzens folgen.

Kinder leben aus dem Herzen. Ihr Verstand ist noch nicht entwickelt. Was sagte Christus? „Wahrlich, ich sage euch: Wenn ihr nicht umkehrt und werdet wie Kinder, so werdet ihr nicht in das Himmelreich kommen." Das Himmelreich ist ein spiritueller Zustand der Unschuld, der von einem reinen Mind erfahren wird. Alle Weisen haben dasselbe gesagt.

Wenn Gott in dir lebt

„Ein Mensch, der echten Glauben hat, wird standhaft sein. Ein Mensch, der Religion hat, kann Frieden finden."

Wir sollten uns daran erinnern, dass Amma mit dem Wort „Religion" nicht nur meint, eine Religion zu haben oder an eine Religion zu glauben. Sie meint, dass auch jemand, der keine offizielle Religion hat, durch den Glauben an Gott oder an spirituelle Prinzipien oder ein göttliches Wesen ein religiöses Leben führt. Sie sagt hier auch: „Ein Mensch mit Glauben glaubt an Einheit, Liebe und Frieden – nicht an Spaltung und Disharmonie." Amma spricht nicht von Religion im engeren, sondern im weitesten Sinne.

„Wegen des Mangels an Glauben an eine höhere Macht haben Nichtgläubige nichts, woran sie sich festhalten und dem sie sich vollständig hingeben können, wenn widrige Umstände eintreten. Für einen gläubigen Menschen ist Gott das höchste Wesen – etwas, das über das Begreifen hinausgeht und dennoch tief erfahren werden kann. Gott ist keine Theorie, sondern lebendige Gegenwart in uns selbst. Wenn wir an ein höheres Prinzip glauben, beginnen sich Qualitäten wie selbstlose Liebe, Mitgefühl, Geduld, Verzicht und innere Stärke ganz natürlich in uns zu entfalten."

Das ist eine wunderschöne Aussage. Amma sagt, wenn wir diese Qualitäten wie selbstlose Liebe – die Liebe zu anderen, ohne etwas im Gegenzug zu erwarten – oder Mitgefühl, Geduld oder Selbstaufopferung leben, beginnt Gott in uns zu leuchten. Gott ist bereits in uns, aber Gottes Gegenwart beginnt sich in uns zu manifestieren. Wir beginnen, den Nutzen eines solchen Lebens zu erfahren. Selbst wenn es nur für einen Moment ist, werden wir eine Art verfeinerte Glückseligkeit spüren, nicht das Glück des Nehmens und Genießens, sondern das subtile Glück der Ausdehnung oder des Aufblühens des Herzens. Das wird durch die Entwicklung dieser spirituellen Prinzipien oder Qualitäten erreicht.

„Wenn ein Nichtgläubiger eine dieser Qualitäten in sich trägt, wird er alle Vorteile eines Gläubigen erfahren. Was ich mit einem Gläubigen meine, ist nicht jemand, der an einen Gott oder eine Göttin glaubt, sondern jemand, der höheren Prinzipien Wert beimisst und bereit ist, alles dafür aufzugeben. Wenn diese Qualitäten die Prinzipien sind, nach denen der Nichtgläubige sein Leben lebt, ist er einem Gläubigen gleichgestellt. Wenn diese Qualitäten jedoch nur oberflächlich sind und nicht tief gehen, wird eine Person nicht die Vorteile eines wahren Gläubigen erfahren. Oft reden Nichtgläubige gerne, aber sie setzen ihre Worte nicht in die Tat um. Sie sind oberflächlich und sprechen nur, um einen guten Eindruck zu machen. Sie haben nichts, woran sie sich festhalten können. Ihnen fehlt der Glaube an den höchsten Lenker des Universums, der sie vor den Problemen des Lebens retten kann."

Die Geschichte von Hiob

Im Alten Testament gibt es eine schöne Geschichte. Es ist die Geschichte von Hiob. Viele von uns kennen sie, aber es lohnt sich, sie zu wiederholen.

Hiob war ein sehr tugendhafter Mensch. Er war sehr, sehr reich. Tatsächlich war er der reichste Mann in seiner Gegend, besaß Tausende von Rindern und Schafen, Zehntausende von Kamelen und hatte viel Geld und Land. Zudem hatte er auch zehn Kinder.

Eines Tages fand in einer der höheren Welten eine Versammlung statt. Der Herr saß dort und viele der kleineren

Götter kamen ebenso wie dämonische Wesen. Der Hauptdämon unter ihnen war Satan, wie er in der Bibel bekannt ist. In der hinduistischen Tradition gibt es natürlich keinen höchsten Dämon, aber viele sehr böse Wesen. Satan ist wohl der Anführer einiger dämonischer Horden, die Mafia der anderen Welt. Er hat wahrscheinlich keine spitzen Ohren und keinen spitzen Schwanz, aber er ist auf jeden Fall ziemlich furchtbar anzusehen.

Gott fragte ihn: „Satan, wo warst du heute? Ist etwas Besonderes passiert?"

Satan antwortete: „Ich war unten auf der Erde. Ich bin nur herumgereist, um zu sehen, ob ich Unheil anrichten kann."

„Hast du meinen Diener Hiob gesehen? Er ist mein bester Diener. Tatsächlich ist er der beste Mensch auf der Erde. Hast du ihn dort gesehen?"

„Ja, ich habe ihn gesehen. Was ist so besonders an ihm? Du bezahlst ihn sehr gut. Warum sollte er Dich nicht verehren? Du hast ihm so viel Besitz, Kamele und Kinder gegeben. Er hat alles. Warum sollte er Dich nicht verehren? Wenn Du wirklich seinen Wert beweisen willst, dann nimm ihm all seinen Reichtum weg."

„In Ordnung. Geh und tu mit ihm, was du willst, aber verletze ihn nicht körperlich."

Also kehrte Satan auf die Erde zurück. Und was geschah?

Am nächsten Tag saß Hiob in seinem Haus. Er erhielt die Nachricht: Die Rinderherde wurde vom Blitz getroffen und vernichtet; die Schafe wurden von benachbarten Stämmen gestohlen; die Kamele starben durch vergiftetes Wasser. Als ob das nicht schlimm genug wäre, waren alle Kinder in einem der Häuser des Bruders, welches, als ein Tornado kam, umstürzte. Alle starben.

Was sagte Hiob? Was hätten wir gesagt, wenn uns das passiert wäre? Wahrscheinlich nicht das, was er sagte!

Er sagte: „Nackt kam ich aus dem Leib meiner Mutter, nackt werde ich zurückkehren: Der Herr hat gegeben und der

Herr hat genommen; gepriesen sei der Name des Herrn." Das war Hiobs Einstellung. Deshalb betrachtete Gott ihn als seinen größten Devotee.

Am nächsten Tag kam Satan wieder, um mit Gott zu sprechen. Gott fragte ihn: „Nun, was ist passiert? Hast du Hiob gesehen? Was hast du getan?"

„Ja, ich habe ihn gesehen. Er ist ziemlich gut, obwohl Du all sein Hab und Gut zerstört hast. Aber das war nur sein Besitz. Versuche nur, seinen Körper zu verletzen, und Du wirst sehen, was für ein großer Devotee er ist! Ich wette, er wird Dich verfluchen."

„Okay, du kannst gehen und tun, was du willst, aber töte ihn nicht."

Da stieg Satan hinab und belegte Hiob mit Geschwüren. Sein ganzer Körper von oben bis unten war mit Geschwüren bedeckt. Nun, wir wissen, wie schmerzhaft es ist, wenn wir nur ein kleines Geschwür irgendwo haben. Er war mit Geschwüren bedeckt. Sie begannen aufzuplatzen und nässten Eiter. Würmer begannen, in den Wunden zu kriechen. Es ging im wirklich schlecht und das ging über Monate hinweg so weiter. Wenn wir monatelang so leiden, was wird dann passieren? Unser Glaube wird zu wanken beginnen.

Einige Freunde kamen zu Hiob, um ihn zu trösten. Sie hatten gehört, dass er alles verloren hatte. Er hatte seinen ganzen Reichtum verloren, seinen ganzen Besitz, seine Kinder. Er hatte nichts mehr. Nur seine Frau war noch da und das Haus, in dem er lebte und er war todkrank. Sie versuchten, ihn zu trösten, aber vergeblich. Schließlich sagten sie: „Du musst viel Schlimmes getan haben, um so leiden zu müssen."

Es ist ganz natürlich, dass wir, wenn wir jemanden leiden sehen, so denken: „Er hat viel schlechtes Karma, also leidet er so."

Aber in der Bibel glaubte man damals nicht an die Theorie der vergangenen Leben. Wir werden einmal geboren und nach dem Tod war es das. Wir werden nicht wiedergeboren. Also dachte Hiob: „Was habe ich in diesem Leben getan? Ich habe nichts falsch gemacht. Warum beschuldigen sie mich so?"

Die Freunde sagten: „Wenn du für all die schlechten Dinge, die du getan hast, Buße tust, wenn du es vor Gott zugibst, wird alles wieder gut. Es wird alles verschwinden."

Hiob dachte: „Ich habe nichts falsch gemacht. Warum reden sie so? Seid ihr die Einzigen, die etwas wissen? Bin ich so dumm? Ich werde euch ein paar Dinge über die Wege Gottes beibringen. Ihr denkt, ihr seid so weise, ihr wisst alles!"

Dann begann er, sich bei Gott zu beschweren. Dies ist sehr interessant, denn diejenigen von uns, die viel gelitten haben, tun vielleicht etwas Ähnliches. Wenn unser Glaube nicht stark ist, kann es passieren, dass er sich so äußert. Was sagt Hiob also?

„Oh Gott, bin ich eine Art Monster, dass Du mich so quälst? Du hast mir meine Familie und meinen Reichtum genommen und mich wegen meiner angeblichen bösen Taten in Haut und Knochen verwandelt. Ich lebte ruhig, bis Du mich zerbrochen hast. Du hast mich am Hals gepackt und in Stücke gerissen. Dann hast Du mich als Zielscheibe aufgehängt, während Deine Bogenschützen um mich herum ihre Pfeile fliegen ließen."

„Ich bin doch unschuldig! Du lässt mich nicht einmal in Frieden schlafen, sondern bescherst mir Albträume! Musst Du mich jeden Moment des Tages prüfen? Habe ich Dich, den Allmächtigen, verletzt? Und wenn Du mir vorwirfst, Unrecht zu tun, was soll ich dann sagen? Ich kann mich nicht einmal gegen Deine Anschuldigungen verteidigen, denn Du bist kein Mensch wie ich. Wir könnten die Angelegenheit nicht fair diskutieren, da es keine Möglichkeit gibt, einen Schiedsrichter zwischen uns zu haben."

„Quäle mich nicht nur! Sag mir, warum Du das tust. Du hast mich geschaffen und Du zerstörst mich. Es ist besser, dass ich sterbe."

Zu seinen Freunden sagte er: „Was für erbärmliche Tröster seid ihr alle! Was habe ich gesagt, dass ihr so endlos reden müsst? Seid ihr die Einzigen, die etwas wissen? Habt ihr das Monopol auf Weisheit? Weiß ich denn gar nichts? Hört auf, mir böse Dinge zu unterstellen! Ich weiß, was richtig und was falsch ist!"

Nun, er hat Gott nicht direkt verflucht, aber er war kurz davor.

„Warum behandelst Du mich so? Du hast mich erschaffen, und wenn Du mir wenigstens sagen würdest, warum ich so leide, würde ich es nicht so schlimm finden. Aber was nützt es zu leiden und nicht zu wissen, warum man leidet? Was ist der Nutzen von all dem?"

Das passiert uns allen. Diese Zweifel kommen auf, wenn unser Glaube schwach wird.

Hiobs Ego, seine Arroganz, sein Stolz, all die schlechten Eigenschaften, die in jedem Menschen sind, kamen durch die Kraft des Leidens zum Vorschein. Das ist einer der Gründe, warum Leiden kommt – damit all diese Dinge herauskommen können. Amma sagt, dass alles, was im Inneren ist, herauskommen muss. Wenn es dann herauskommt und wir wissen, wie wir damit umgehen sollen, wenn wir verstehen, was passiert und uns dann entscheiden: Ich werde nicht zulassen, dass das von mir Besitz ergreift, ich werde nicht zulassen, dass es wieder passiert, dann sind wir davon befreit. Unser Mind wird klar wie ein schmutziges Tintenfass, das ausgewaschen wurde, bis es sauber ist. Wenn der ganze innere Müll, der sich in unserem Unterbewusstsein versteckt, durch die Kraft des Leidens herauskommt, dann kann die friedliche Gegenwart Gottes hervortreten.

Schließlich, als der ganze Wind aus den Segeln seines Egos geblasen war, sprach Gott: „Warum leugnest du meine Weisheit mit deiner Unwissenheit? All diese unwissenden Argumente, die du vorbringst, implizieren, dass ich nicht weiß, was ich mit dir tue. Was weißt du denn schon? Bereite dich nun zum Kampf vor, denn ich werde von dir Antworten verlangen und du musst antworten."

„Wo warst du, als ich das Fundament der Erde legte? Weißt du, wie die Maße der Erde bestimmt wurden und wer sie vermessen hat? Weißt du, wer der Ingenieur war? Wer hat die Grenzen für die Ozeane festgelegt? Wurde dir die Lage der Pforte des Todes offenbart? Wer hat die Täler gegraben und wer hat die Sonne erschaffen? Wer hat den Weg für Blitz und Regen festgelegt? Wer gibt Intuition und Instinkt? Wer sorgt für die Jungen der Tiere?

Willst du immer noch mit mir streiten? Hast du, der Kritiker Gottes, die Antworten?"

Was hätten wir gesagt, wenn wir diese Stimme gehört hätten? Wenn wir unsere Lektionen gelernt hätten, würden wir genau das sagen, was Hiob sagt: „Ich bin ein Nichts. Wie könnte ich jemals die Antworten finden? Ich lege meine Hand auf meinen Mund und schweige. Ich habe schon zu viel gesagt."

Gott hörte nicht auf. Er sah, dass in Hiob noch ein gewisses Ego vorhanden war, also sagte Er: „Steh auf wie ein Mann und kämpfe! Lass mich dir noch ein paar Fragen stellen. Wirst du meine Gerechtigkeit in Misskredit bringen und mich kampflos verdammen?"

„Es tut mir leid, Herr, ich weiß nichts. In meinem Schmerz habe ich viele unpassende Dinge gesagt. Habe Erbarmen mit mir, Deinem Kind."

Gott war zufrieden. Hiob wurde wirklich demütig. Er wurde wie ein Kind. Das ist der Sinn von Schwierigkeiten. Das ist der Zweck des Leidens. Es soll uns demütig machen wie ein Kind, damit der Glaube aufblühen kann, damit wir die Glückseligkeit der göttlichen Gegenwart spüren können.

Dann segnete Gott ihn, sodass ihm all sein Land und alle seine Tiere zurückgegeben wurden. Danach bekam er noch zehn Kinder und lebte einhundertvierzig Jahre lang. Er sah sogar seine Ur-Ur-Enkel und starb dann einen friedlichen Tod.

Wenn wir leiden – und jeder leidet auf irgendeine Weise zu irgendeiner Zeit – sollten wir nicht Gott, unseren Guru oder Amma beschuldigen. Wir sollten uns daran erinnern, dass der Zweck des Leidens darin besteht, uns zu läutern, das wir demütig werden, damit sich der Glauben stärkt und wir die Glückseligkeit der Gotteserkenntnis genießen können.

In der Gītā ist eines der letzten Botschaften, die Krishna sagt: „Der Mensch, der diese Lehre hört, voller Glauben und frei von Bosheit, auch er wird befreit und wird die glücklichen Welten der Gerechten erreichen.“ -Kap. 18, Vers 71

Wenn wir dem Pfad des Glaubens mit ganzem Herzen folgen, werden wir die göttliche Welt erreichen und in Gott aufgehen.

Willenskraft entwickeln

Heute ist Neujahr. Eine schöne Tradition im Westen ist es, Neujahrsvorsätze zu fassen. Wir sollten nicht denken, dass dies nur eine westliche Tradition ist. Tatsächlich ist es eine spirituelle Tradition. Der Neujahrstag ist nicht nur etwas für die westliche Welt. Wir alle sollten jeden Tag überprüfen, was in unserem Mind gut und was schlecht ist; was uns vorwärtsbringt und was uns zurückwirft. Wenn wir dann abends ins Bett gehen, sollten wir uns vornehmen, es morgen besser zu machen. Sobald wir morgens aufwachen, sollten wir denken: „Okay, heute werde ich meine Schwächen überwinden und gute Eigenschaften kultivieren."

An Silvester legen viele ihre schlechten Gewohnheiten ab und beschließen, sich ab dem nächsten Tag zu verbessern. Aber obwohl wir beschließen, unsere negativen Tendenzen, unsere Vāsanās, loszuwerden, stellen wir fest, dass unsere Vorsätze nicht lange halten. Das ist meist der Fall bei Neujahrsvorsätzen. Warum halten sie nicht lange? Dafür gibt es mehrere Gründe und darüber sprechen wir heute.

Vāsanās sind wie ein Bär

Der Hauptgrund ist, dass unsere Willenskraft nicht sehr stark ist. Unser Mind ist schwach. Willenskraft bedeutet, dass wir in der Lage sind, unsere guten Absichten in die Tat umzusetzen. Aber normalerweise schaffen wir das nicht. Warum? Weil unser Mind leicht abgelenkt wird. Dafür ist die spirituelle Praxis da. Wir möchten vielleicht eine schlechte Gewohnheit loswerden, aber die schlechte Gewohnheit möchte uns nicht verlassen.

Einmal schwammen zwei arme Sādhus durch einen Fluss, als sie etwas vorbeischwimmen sahen. Einer der Sādhus dachte: „Es ist eine Decke. Oh toll! Ich kann eine Decke gebrauchen. Bis jetzt hatte ich keine." Er hielt sie fest, aber sowohl er als auch die „Decke" trieben weiter den Fluss hinunter.

Der andere Sādhu rief: „Komm schon! Wir müssen den Fluss überqueren. Lass das Ding los!" Nun, das Ding, das er für eine Decke hielt, war in Wirklichkeit ein Bär. Der andere Mann schrie seinem Freund zu: „Ich will es loslassen, aber es lässt mich nicht los!"

Mit den Vāsanās ist es genauso. Wir wollen sie loslassen, wir wollen, dass sie verschwinden, aber sie lassen uns nicht los, denn wir haben sie viele Jahre lang gepflegt, gefüttert, gestreichelt und geküsst. Deshalb wollen sie, nicht so einfach gehen.

Hier ist ein Vorschlag, wie man seine Vāsanās loswerden kann. Wenn sie auftauchen, schlagt sie gnadenlos. Natürlich nicht mit einem Stock oder ähnlichem, denn sie sind immateriell, sie sind subtil, sie sind im Mind.

Ein Mensch, der einen Affen hat und ihn ständig liebkost, küsst und umarmt, merkt nicht, dass es ein Tier ist und ihn eines Tages beißen könnte. Ein Freund kommt zu ihm und sagt: „Weißt du nicht, dass du gebissen werden könntest? Du solltest den Affen nicht so liebkosen."

Diese Ratschläge beherzigend, sagt er dem Affen das nächste Mal, wenn er kommt: „Nein! Nein! Tut mir leid, du darfst nicht mehr auf mich springen! Du darfst mich nicht mehr küssen!"

Der Affe springt trotzdem auf ihn, weil er es nicht versteht. So sind auch unsere Vāsanās. Wir fassen einen Entschluss: „Ich werde diese Sache nicht tun, oder ich werde nicht so reden, oder ich werde nicht dorthin schauen, oder ich werde das nicht essen."

Wir haben den Entschluss gefasst, aber die Vāsanās wissen nichts davon. Wenn dann der Kuchen oder die Person, die wir nicht mögen vor uns steht, essen wir den Kuchen oder sagen impulsiv etwas, weil wir es so oft getan haben, denn die Vāsanās wissen nichts von unserem Entschluss, es sind nur Gewohnheiten. Wir müssen sie hart treffen. Wenn wir nicht wollen, dass der Affe auf uns springt, müssen wir ihn vielleicht schlagen. Das ist nicht grausam. Wir müssen ihm eine Lektion erteilen. Wenn er uns dann immer noch anspringt, müssen wir ihn erneut schlagen. Manche schlechten Gewohnheiten müssen wir gnadenlos ausmerzen. Sie werden immer wieder kommen, bis sie es kapieren, dann werden sie wegbleiben.

Ein Grund, warum wir keinen starken Mind entwickeln, ist, dass wir nicht wirklich ernsthaft dabei sind. Wenn wir es mit der Kultivierung unseres Minds nicht ernst meinen, wird es sehr schwierig sein, den Mind zu bezwingen. Es ist ein Vollzeitjob. Wir können nicht einen Schritt vorwärts und zehn Schritte rückwärtsgehen und erwarten, dass der Mind Konzentration und Frieden erreicht. Ein kultivierter Mind, ein starker Mind ist ein friedlicher und glücklicher Mind. Wir müssen also die nötige Ernsthaftigkeit aufbringen. Deshalb fassen Menschen Neujahrsvorsätze und scheitern, weil sie es nicht ernst meinen. Nur heute fühlen sie sich so, aber nicht morgen oder übermorgen.

Für einen spirituellen Menschen muss es nicht nur heute und morgen und übermorgen sein. Jede Minute bis zum letzten Atemzug müssen wir versuchen, den Mind zu reinigen. Darum geht es: Reinheit des Minds. Reinheit des Minds bedeutet die Macht, den Mind zu kontrollieren und ihn dazu bringen, das zu tun, was wir wollen, anstatt ihn tun zu lassen, was er will. Es bedeutet, nicht zwanghaft denken zu müssen, sondern mit einem gedankenfreien Mind zu existieren, nur Bewusstsein, friedliches Bewusstsein ohne Gedanken. Wir können denken, wenn wir es wollen, aber wir müssen nicht.

Die Last des Egos spüren

Wenn wir nicht an den Punkt kommen, an dem wir tief in uns spüren, was für eine Last doch mein Mind ist, all diese alten Muster, all diese negativen Gewohnheiten – wie schwer sie sind, was für eine Quelle des Leidens sie für mich sind", wird die nötige Ernsthaftigkeit sich nicht einstellen. Wir müssen den Punkt erreichen, an dem wir spüren, dass das Ego eine solche Last ist. Nicht das makellose Ego – das makellose Ego ist in Ordnung. Das makellose Ego wird uns helfen, aber das negative Ego, das Ego voller negativer Eigenschaften, muss verschwinden. „Schon wieder habe ich so geredet! Schon wieder habe ich so gehandelt!" Wenn wir das Leiden spüren, das durch unsere impulsiven Handlungen verursacht wird, werden wir ernsthaft daran arbeiten.

Amma sagt dazu: „Wenn das Ziel ist, das Höchste Wesen zu erkennen, solltest du vollständig egolos werden. Das erfordert eigene Bemühungen. Der Sādhak selbst muss aufrichtig um die Beseitigung seiner negativen Tendenzen beten. Er sollte hart arbeiten. Sein Gebet ist nicht dazu da, etwas zu erreichen oder einen Wunsch zu erfüllen. Es geht darum, alle Wünsche zu transzendieren. Es ist eine intensive Sehnsucht des Sādhaks, zu seinem ursprünglichen und wahren Zuhause zurückzukehren. Er spürt und wird sich der Last seines eigenen Egos bewusst, und dieses Gefühl erzeugt einen starken Drang, diese Schwere loszuwerden. Dieser Drang äußert sich als Gebet. Die Beseitigung des Egos kann nicht durch die Gebete einer anderen begrenzten Seele erreicht werden. Dazu bedarf es eigener Bemühung und der Führung eines vollkommenen Meisters."

Manchmal sagen Menschen: „Bitte bete für mich." Amma sagt, dass Gebete für andere alles bewirken, nur nicht das Ego loszuwerden. Wir können für die Gesundheit, den Wohlstand oder das Wohlbefinden anderer beten, aber wenn es darum geht, das Ego loszuwerden, muss das jeder selbst tun. Niemand außer dem Guru kann das tun.

„Die Gebete einer anderen begrenzten Seele werden also nicht helfen. Die Arbeit am Ego oder das Leeren des Minds wird in der Gegenwart eines göttlichen Meisters einfacher. Obwohl Amma gesagt hat, dass die Gebete anderer nicht helfen können, das Ego einer Person zu entfernen, kann der bloße Gedanke, Blick oder die Berührung eines verwirklichten Gurus eine enorme Transformation im Schüler bewirken. Wenn er es wünscht, kann ein echter Guru dem Schüler oder Devotee sogar die Selbstverwirklichung schenken. Er kann alles tun, was er will. Sein Wille ist eins mit dem Willen Gottes. Für die Erfüllung von kleinlichen Wünschen zu beten bedeutet, an deinem Mind und all seinen Anhaftungen und Abneigungen festzuhalten. Nicht nur das; es fügt den bestehenden Vāsanās noch weitere hinzu."

Wir sprechen über Gewohnheiten, Vāsanās – insbesondere schlechte Gewohnheiten. Wenn wir das Gebet als Mittel zur Kontrolle oder Reinigung unseres Minds verwenden, sollten wir um das Höchste beten, nicht um geringere Dinge, denn geringere Dinge erhöhen nur unsere Wünsche, unsere Vāsanās. Es ist, als würden wir zu Gott beten, unsere Fesseln und unser Leiden noch zu vergrößern – jedes Mal wenn wir um etwas anderes bitten als um die Verwirklichung Gottes. Es ist nichts falsch daran, sich für weltliche Dinge zu entscheiden, wenn man das möchte. Jeder Mensch geht seinen eigenen Weg. Doch wenn in uns der tiefe Wunsch erwacht, Gottes Glückseligkeit zu erfahren – wenn wir spüren, dass das das Höchste ist – dann sollte auch unser Gebet nur darauf ausgerichtet sein.

„Neue Wünsche, neue Welten werden erschaffen. Gleichzeitig verlängert ihr die Kette von Wut, Lust, Gier, Eifersucht, Täuschung und all den anderen negativen Eigenschaften. Jeder Wunsch bringt diese negativen Emotionen mit sich. Unerfüllte Wünsche führen zu Ärger. Im Gegensatz dazu werden beim

Gebet um Reinigung zum Zweck der Selbstverwirklichung oder des Bewusstseins vom Selbst die Vāsanās zerstört. Ein solches Gebet wird eure Einstellung zum Leben völlig verändern. Die alte Person stirbt und eine neue wird geboren. Doch das Beten für die Erfüllung kleinlicher Wünsche bringt keine Veränderung in der Persönlichkeit mit sich. Der Mensch, der auf diese Weise betet, bleibt derselbe. Seine Einstellung bleibt unverändert."

Viele Leute sagen: „Ich bete schon seit so vielen Jahren zu Gott und trotzdem mache ich keine spirituellen Fortschritte. Ich gehe jede Woche in die Kirche, jeden Sonntag." Warum? Warum machen sie keine Fortschritte? Ein Grund ist, dass ihr Mind immer noch, wie Amma sagt, mit „kleinlichen Wünschen" beschäftigt ist, nicht mit dem höchsten Wunsch nach Gott.

Die Kontrolle des Minds, sei es durch Gebet oder andere Mittel, ist nicht nur für uns, nicht nur für Devotees, nicht nur für spirituelle Menschen. Sie ist für alle. Denn wenn wir unseren Mind nicht kontrollieren können, gibt es keinen Weg zum Erfolg. Er wird immer durch verschiedene Dinge abgelenkt und das Ziel, das wir uns gesetzt haben, wird unerreichbar bleiben.

Die Schritte des Yōga

Viele von uns haben vielleicht schon von den Yoga Sutras gehört – einem der wichtigsten Texte über Meditation. Sie wurden vor rund zweitausend Jahren von einem großen Weisen namens Patañjali verfasst. Gleich im ersten Vers heißt es: „Yogaś citta-vṛtti-nirodhaḥ" – das bedeutet: „Yoga ist das zur Ruhe Bringen aller Bewegungen des Minds." Genau das ist die wahre Bedeutung von Yoga. Heute wird Yoga oft nur mit Körperübungen in Verbindung gebracht. Doch ursprünglich geht es im Yoga vor allem darum, den unruhigen Mind zu beruhigen und inneren Frieden zu finden.

Das eigentliche Ziel aller Yogaübungen und -wege ist es, den Mind zur Ruhe zu bringen – die inneren Gedankenwellen zu beruhigen und einen Zustand tiefen Friedens zu erreichen. Im Yoga gibt es ein klares System, wie man den Mind Schritt für Schritt kontrollieren kann. Viele von uns haben vielleicht schon davon gehört, aber heute möchte ich zumindest kurz darüber sprechen. An einem anderen Tag werden wir dann genauer darauf eingehen.

Wenn wir ein bestimmtes Ziel erreichen wollen, müssen wir die erforderlichen Mittel anwenden. Dieser Grundsatz gilt genauso, wenn wir inneren Frieden erreichen möchten. Innerer Frieden entsteht nicht einfach so – er braucht eine klare Methode. Die Wissenschaft des Yōga beschreibt ganz konkrete Schritte, mit denen wir diesen Weg gehen können. Die ersten beiden nennt man Yama und Niyama. Yama bedeutet Enthaltung. Niyama ist die innere Disziplin. Sie sind wie die Gebote und Verbote des spirituellen Lebens. Die meisten Menschen meditieren, lesen spirituelle Bücher und tun viele Dinge, aber sie vernachlässigen die Yamas und Niyamas. Das ist, als würde man ein Haus ohne Fundament bauen – es hält nicht. Ich kann gar nicht zählen, wie oft Menschen zu Amma kommen und sagen: „Amma, ich meditiere seit fünfunddreißig Jahren, aber ich habe nichts erfahren!“ Warum? Weil sie das Fundament vernachlässigt haben. Meditation allein reicht nicht. Auch Bhajans allein sind nicht genug. Wenn wir aber das Fundament – die Yamas und Niyamas- ernst nehmen und sie im Alltag umsetzen, kommt der nächste Schritt automatisch. Die Meditation stellt sich dann wie von selbst ein – ohne dass wir sie erzwingen müssen. Das heißt nicht, dass wir nicht meditieren sollen – im Gegenteil. Aber wir sollten gleichzeitig die Grundlagen, das Fundament, nicht vernachlässigen.

Was sind die Yamas?

Ahiṁsā: Gewaltlosigkeit

Satya: Wahrhaftigkeit
Asteya: Nicht-Stehlen
Brahmacharya: Keuschheit
Aparigraha: Nicht-Begehren

Kurz gesagt, Gewaltlosigkeit bedeutet, kein Lebewesen durch Gedanken, Worte oder Taten zu verletzen. Stellen wir uns vor, wie rein unser Mind sein wird, wenn wir uns auch nur in dieser einen Disziplin perfektionieren; wie effektiv unsere Vāsanās entfernt werden!

Wahrhaftigkeit bedeutet nicht nur, keine Lügen zu erzählen. Wahrhaftigkeit ist so zu sprechen, dass es uns und anderen hilft, sich der Wahrheit zu nähern. Wenn es eine unangenehme Wahrheit ist, sollten wir sie laut den heiligen Schriften nicht sagen. Nur weil wir wahrhaftig sind, sollten wir nicht hingehen und den Leuten ihre Fehler aufzeigen. Das ist etwas, was viele Leute tun. Es sollte nicht getan werden, weil es schmerzhafte Reaktionen verursacht; mit anderen Worten, es ist schädlich. Wir sollten also keine unangenehme Wahrheit sagen. Es ist besser zu schweigen, als solche Wellen zu schaffen.

Manche Menschen fragen: „Sollte ich nicht die Wahrheit sagen? Sollte ich ihnen nicht sagen, dass sie etwas falsch machen?“ Nein, wir sagen es nicht, es sei denn, wir werden gefragt. Wenn wir gefragt werden, wenn ein Mensch Vertrauen in uns hat, dann können wir es ihm sagen, weil es dann keine negative Welle in ihm erzeugen wird. Es wird ihn nicht ärgern. Andernfalls geht es uns nichts an. Wir sollten uns um unsere eigenen Angelegenheiten kümmern!

Asteya bedeutet, nicht zu stehlen, nicht einmal zu denken: „Ich hätte das gerne!“, wenn es jemand anderem gehört, geschweige denn es tatsächlich zu nehmen. Wenn es schön ist und wir es wollen, dann sollten wir hinausgehen und uns das kaufen. Wir nehmen nicht das von einem anderen.

Brahmacharya ist sexuelle Enthaltsamkeit. Enthaltsamkeit bedeutet, dass der Mind physisch, mental und verbal in Gott lebt, nicht sexuellen Vorstellungen nachgeht. Dies schließt sogar die subtilsten Bewegungen des Minds und der Sinne ein.

Aparigraha frei von Habgier. „Was brauche ich wirklich? Ich will nur so viel wie notwendig, nicht mehr als das, denn mehr würde Arbeit und Mühe bedeuten. Das würde wiederum eine unnötige Verschwendung des Lebens nach sich ziehen." Eine andere Möglichkeit, dies zu sagen, ist, dem Weg der Einfachheit zu folgen.

Nachdem wir diese Regeln eine Weile befolgten, denken wir vielleicht: „Das reicht jetzt. Ich habe einen Punkt erreicht, an dem ich nun glücklich bin." Höchstwahrscheinlich ist es aber nicht genug. Die gleichen Yōga Sūtras erklären uns, woran wir erkennen können, ob wir wirklich Fortschritte gemacht haben. Wenn wir zum Beispiel perfekt gewaltlos sind, dann sind alle Wesen in unserer Nähe friedlich. Es gibt viele Geschichten darüber: Yōgis, die durch den Wald gingen oder in einer Höhle mit Schlangen lebten, wurden nie von wilden Tieren verletzt, weil ihr Mind immer in der Nichtverletzung verankert war. Sie hatten nie das Gefühl, anderen zu schaden; daher wurden auch andere Wesen in ihrer Gegenwart gewaltfrei.

Eines Tages versuchten einige von uns, die Kühe des Āśhrams auf einen anderen Teil der Weide zu treiben. Normalerweise ignorierten die Kühe unsere Anwesenheit. Wir konnten sogar einen halben Meter von ihnen entfernt sein und sie gingen ihrem Tun nach. Aber an diesem Tag kam ich mit einem Stock aus dem Haus. Die Kühe waren etwa achtzig Meter von mir entfernt. Sobald sie mich sahen, fingen sie an zu rennen. Sie konnten diesen Stock nicht gesehen haben. Ich schleppte ihn einfach hinter mir her. Sie schienen zu wissen, dass ich den Gedanken hatte: „Ich werde sie verjagen. Wenn sie nicht kooperieren, muss ich sie vielleicht schlagen." Sie wussten das intuitiv. Ihre Intuitionskraft ist viel größer als unsere. Weil sie nicht sprechen, zerstreut sich vermutlich ihre Energie nicht wie bei uns. Für ihr Überleben sind sie auf ihre Intuition angewiesen.

Viele Lebewesen spüren, wenn ihnen Gefahr droht. Wenn wir wirklich fest in der Gewaltlosigkeit verankert sind, werden auch alle Lebewesen in unserer Nähe friedlich.

Dann ist da noch die Wahrhaftigkeit. Wenn wir keine Lügen erzählen oder übertreiben und unsere Worte immer wohltuend sind, entwickelt sich eine Kraft, die alles, was wir sagen, wahr werden lässt. Wenn Amma sagt: „Keine Sorge, dir wird es besser gehen", dann wird es dir besser gehen. Wir können nicht sagen, wann das passieren wird, aber es wird definitiv passieren.

Nicht Stehlen ist ein sehr interessantes Thema. Es heißt in den heiligen Schriften: „Wer im nicht Stehlen verankert ist, zu dem kommen Edelsteine." Das Wort ist „Ratna", Edelsteine. Seltsam, nicht wahr? Was soll ein Sannyāsī, ein Mönch, mit Edelsteinen anfangen? Aber die Bedeutung von Edelsteinen sind nicht kostbare Steine. Wenn ein Mensch im nicht Stehlen verankert ist, strahlt er eine Unschuld aus, eine Unbeteiligtheit und Losgelöstheit, sodass andere Menschen Vertrauen zu ihm entwickeln. Dann fühlen sie sich geneigt, dieser Person die besten Dinge zu geben, entweder um sie mit ihm zu teilen oder ihm anzuvertrauen. Das liegt daran, dass sie intuitiv spüren, dass dieser Mensch nicht stehlen wird; er ist losgelöst. Dann kommen die besten Dinge zu ihm.

Wenn jemand vollkommen in Selbstbeherrschung lebt – also nicht einmal sexuelle Gedanken hat –, entwickelt sich daraus spirituelle Kraft. Diese innere Energie nennt man virya. Wenn jemand diese Kraft besitzt, dann berühren uns seine Worte tief – nicht wegen der Art, wie er spricht oder wegen seiner Gefühle, sondern wegen der spirituellen Energie, die er durch Brahmacharya, also Enthaltsamkeit, entwickelt hat. Menschen merken oft gar nicht, warum sie sich so stark angesprochen fühlen. Wir selbst spüren vielleicht, wie etwas in uns verfeinert wird. Das, was diese Person sagt, wird zu echtem Satsang – zu einer spirituellen Begegnung. Während wir zuhören, vergessen wir alles andere und fühlen uns wie in einer anderen Welt. Natürlich braucht es dafür auch unsere Offenheit, damit wir diese Tiefe überhaupt erfahren können.

Ohne Gier oder Nicht-Begehren zu sein: Auch das ist sehr interessant. Patañjali sagt: Wenn wir vollkommen im Nicht-Begehren sind, werden wir eine besondere Siddhi (eine mystische Kraft) bekommen. Solche Kräfte schlummern in jedem von uns. Sie sind Ausdruck eines konzentrierten Minds. Normalerweise ist unser Mind zerstreut; wir können uns nicht konzentrieren, und deshalb manifestieren sich diese Kräfte nicht. Sonnenlicht alleine kann kein Papier verbrennen, aber wenn es durch eine Lupe konzentriert wird, ist dies möglich. Wenn wir also die Qualität des Nicht-Begehrens entwickeln, wenn wir nichts außer dem Nötigen für uns selbst wollen, dann entsteht Abstand zur Welt. Wir hängen nicht mehr an allem. Wir kümmern uns nicht mehr um die Dinge der Welt. Sobald wir uns von der Welt loslösen, dann lösen wir uns als nächstes von unserem eigenen Körper. Das Minimum ist genug – ein Ort zum Leben, etwas zu essen, ein Platz zum Schlafen – das Nötigste. Wenn diese innere Losgelöstheit vom Körper da ist, beginnt spirituelles Wissen zu leuchten. Patañjali sagt, dass demjenigen, der im nicht Begehren verankert ist, das Wissen über Vergangenheit und Zukunft dämmert. Warum? Weil er sich nicht einmal mehr an die Gegenwart bindet. Er ist losgelöst.

Dies sind die Eigenschaften der Yamas. Dann kommen die Niyamas:

Saucha – Reinheit. Reinlichkeit bedeutet sowohl körperliche Sauberkeit als auch innere Reinheit des Mindes.

Santosha – Zufriedenheit. Das Gefühl, dass ich genug habe. Warum sollte ich unruhig sein, um dies und das zu bekommen?

Wo ist das Ende des Verlangens nach mehr und mehr? Habe ich nicht genug? Dieses Gefühl nennt man Santosha.

Tapas – Askese. Heutzutage wird das Wort Tapas oft als Leiden verwendet, „Oh, was war das für ein Tapas!“ Aber es bedeutet nicht Leiden. Es bedeutet die Fähigkeit, Leiden zu ertragen, dass wir bei Kälte oder Hitze nicht in Panik geraten und ausrufen werden: „Es ist so kalt! Es ist so heiß! Ich kann es nicht ertragen Was für schreckliche Kopfschmerzen! Ich fühle mich, als würde ich sterben.“ Zwischen all diesen Gegensätzen, den Dvandas, gleichmütig zu bleiben, heißt Tapas. Unter allen Umständen einen kühlen Kopf zu bewahren, einen ausgeglichenen Mind zu behalten, ist Tapas.

Svādhyāya ist das Studium der heiligen Schriften, der Schriften der Weisen. Das Studium der heiligen Schriften bedeutet nicht, spirituelle Bücher zu lesen, die irgendeine sogenannte spirituelle Person geschrieben hat. Wenn wir in eine beliebige Buchhandlung gehen, werden wir Hunderte, ja Tausende davon finden. Heutzutage schreibt und liest jeder spirituelle Bücher. Aber das ist nicht, was Svādhyāya ist. Svādhyāya bedeutet, die Bücher zu lesen, die von Ṛiṣhis geschrieben wurden, Bücher, die von verwirklichten Seelen geschrieben wurden, nicht von irgendjemandem, der etwas über spirituelle Angelegenheiten weiß. Die Kraft der Worte einer verwirklichten Person, seien sie alt oder jung, ist sehr stark und hat die Fähigkeit, unseren Mind zu reinigen.

Zu Gott weinen ist Meditation

Der letzte Punkt ist Īśhvara Pranidhana, was Hingabe an Gott bedeutet. All die Punkte davor sind sehr gut und wir sollten sie praktizieren. Aber wir sind nur gewöhnliche Menschen. Manchmal es ist schwer, all das konsequent umzusetzen. Deshalb sagt Amma: „Keine Sorge, es gibt einen Ausweg.“ Auch dieser Weg ist nicht einfach, aber er ist nicht so kompliziert wie die anderen. Es geht um Īśhvara Bhakti oder die Hingabe an Gott. Das ist der Weg, um den Mind zu kontrollieren und die Vāsanās loszuwerden. Was sagt Mutter dazu?

Einer der Brahmachārīs fragte Amma: „Amma, heute Nachmittag hast du einem jungen Mann geraten, einfach zu beten und zu Gott zu weinen. Reicht das aus, um Gott zu erkennen?“

„Ja“, sagte Amma, „wenn es von Herzen kommt! Mein Sohn, denke nicht, dass spirituelle Praxis nur daraus besteht, im Lotussitz zu meditieren oder ein Mantra zu wiederholen. Natürlich sind das Methoden, sich an Gott zu erinnern und das Selbst zu erkennen. Sie helfen dabei, den von Natur aus unruhigen Körper und Mind zu trainieren und zu zähmen. Aber es ist falsch zu denken, dass diese Praktiken der einzige Weg sind. Schaut euch zum Beispiel die Gōpīs von Vrindavan oder Mīrābaī an. Was war ihr Sādhanā? Wie wurden sie zu Kṛiṣhṇamayis (jemand, der voller Krishna ist)? War es durch stundenlanges meditieren?“ Hatten sie überhaupt die Zeit dafür? Die Gōpīs waren Hausfrauen. Nein. Aber natürlich haben sie meditiert. Sie meditierten ständig und intensiv, aber nicht, indem sie stundenlang mit gekreuzten Beinen saßen. Die Gōpīs und Mīrābaī erinnerten sich ständig an Gottes Herrlichkeit und bewahrten sein Bild in sich, egal zu welcher Zeit oder an welchem Ort. Sie weinten so lange, bis ihre Tränen ihren gesamten Mind wegspülten, bis all ihre Gedanken verschwanden.

„Kinder, wenn wir weinen, vergessen wir mühelos alles um uns herum. Weinen hilft uns, nicht mehr über die Vergangenheit zu grübeln oder von der Zukunft zu träumen. Es bringt uns ins Hier und Jetzt, in die Gegenwart des Herrn und seinen Līlās. Stellt dir vor, jemand, der dir sehr nahesteht, stirbt: zum Beispiel deine Mutter oder Vater, der Ehepartner oder Kind. Wir würden trauern und an diese Person denken, nicht wahr? In solchen Moment vergessen wir alles andere. Nichts anderes kommt uns in den Sinn als die süßen Erinnerungen an den Verstorbenen. Unsere Gedanken sind vollkommen darauf fokussiert. Kinder, Weinen hat die Kraft, den Mind vollständig zu konzentrieren.“ Warum meditieren wir? Um uns zu konzentrieren. Der beste Weg, um Konzentration zu erlangen ist also, zu Gott zu weinen. Das ist eine sehr kraftvolle Art, sich an Gott zu erinnern – und das ist in der Tat Meditation.

„Das ist es, was große Verehrer wie die Gōpīs und Mīrābaī taten. Seht, wie selbstlos Mīrābaī betete: ‚Oh, Miras Giridhari, es ist egal, ob du mich liebst, aber bitte, Herr, nimm mir nicht das Recht, dich zu lieben!‘ Sie beteten und weinten, bis ihr ganzes Wesen in einen Zustand des ständigen Gebets eintauchte. Sie verehrten Gott so lange, bis sie von der Flamme göttlicher Liebe vollständig verzehrt wurden. Am Ende wurden sie selbst zum Dargebrachten.“

Das ist also ein Weg – ein einfacher Weg – für uns zu meditieren, indem wir zu Gott oder einem selbstverwirklichten Wesen weinen. Es erfordert keinen besonderen Aufwand, immer an diese Person oder dieses Bild zu denken. Sobald wir die Gelegenheit haben und alleine sind, können wir weinen wie Mīrābaī zu Krishna weinte. Langsam werden wir ganz von diesem Wesen erfüllt, dann gibt es keinen Raum mehr für alte Vāsanās.

Amma gibt uns das Beispiel von Salzwasser. Wie entfernt man das Salz aus dem Wasser? Indem wir immer wieder frisches Wasser dazugießen, verdünnt sich das Salz, bis es praktisch nicht mehr da ist. Genauso ist es mit unseren Vāsanās. Vielleicht können wir sie nicht einfach ausrotten, aber wir können etwas anderes hineingeben, sodass kein Platz mehr für sie bleibt. Das kann der Gedanke an Gott, unser Mantra oder Amma sein. Das ist der praktische, einfache Weg für gewöhnliche Menschen wie uns.

Auch die Gnade eines verwirklichten Meisters ist ein rettender Faktor. Dazu meint Amma: „Jemand sagte: ‚Ich habe gelesen, dass wir den Zustand der Vollkommenheit nicht ohne die Gnade eines verwirklichten Gurus erreichen können, auch wenn wir viel spirituelle Praxis machen. Stimmt das?'

Amma sagte: ,Das ist vollkommen richtig! Um die subtileren Vāsanās zu entfernen, braucht man die Führung und die Gnade des Gurus.'"

Damit sind nicht nur die groben oder offensichtlichen Gewohnheiten gemeint, die wir haben, sondern auch die subtileren Dinge, derer wir uns nicht einmal bewusst sind.

„Nur der Guru kann diese Dinge für uns sichtbar machen, Situationen schaffen, in denen diese Dinge zum Vorschein kommen, um uns dann die Kraft zu geben damit umzugehen. Wenn die Vāsanās verschwunden sind, kommt der letzte Schritt – der Moment, in dem ein Sādhak in den Zustand der Vollkommenheit eintaucht. Aber dieser Schritt ist ohne die Gnade des Gurus nicht möglich.

Menschen sind begrenzt; sie können nicht viel alleine tun. Vielleicht können sie bis zu einem bestimmten Punkt ohne Anleitung oder Hilfe vorankommen, aber bald wird der Weg kompliziert und Hilfe wird erforderlich. Der Weg zur Befreiung ist ein Labyrinth aus verschlungenen Pfaden. Auf der Reise durch das Labyrinth weiß ein spiritueller Suchender möglicherweise nicht, wohin er gehen oder welchen Weg er einschlagen soll. Einen spirituellen Weg ohne einen Guru zu gehen, ist wie allein in einem kleinen Boot über den Ozean zu segeln – ohne Ausrüstung, ohne Kompass, der dir die Richtung zeigt."

Es ist hoffnungslos, wenn man versucht, Gott ohne die Hilfe eines verwirklichten Meisters zu erkennen.

„Denkt daran, dass der Weg zur Selbstverwirklichung sehr schmal ist. Zwei Menschen können diesen Weg nicht Hand in Hand gehen und einander auf diesem Pfad begleiten. Jeder geht diesen Weg alleine.

Wenn wir auf dem spirituellen Weg gehen, gibt es ein Licht, das uns führt. Dieses Licht, das uns den Weg zeigt, ist die Gnade des Gurus. Der Guru geht voraus und erhellt den Weg, während er uns langsam und vorsichtig führt. Er kennt all die verschlungenen Pfade. Das Licht seiner Gnade hilft uns, die Hindernisse zu erkennen, zu beseitigen und das endgültige Ziel zu erreichen."

Es ist wichtig, dass wir uns bemühen, aber was uns letztendlich rettet, ist die Gnade des Gurus.

„Die Gnade des Satgurus brauchen wir am meisten. Ohne seine liebevolle Fürsorge, mitfühlenden Blicke und seine liebevolle Berührung können wir das Ziel nicht erreichen. Mit jedem mitfühlenden Blick und jeder Berührung sendet er seine Gnade aus. Deshalb, Kinder, betet um seine Gnade!"

Weihnachten und der mystische Christus –1

Bevor Amma nach Amerika kam, hatte ich einen Zweifel: Wie würden die Menschen reagieren, wenn sie Amma in Dēvī Bhāva sehen? So etwas hatte man hier noch nie auch nur ansatzweise erlebt. Heute habe ich etwas sehr Interessantes gesehen, das mir auf einmal vieles erklärt hat. Ich hatte es völlig vergessen. In einem Geschäft saß ein Mann mit einem ungewöhnlich roten Gewand. Die Leute kamen zu ihm, setzten sich auf seinen Schoß, und er umarmte jeden Einzelnen. Dabei fragte er sie nach ihren Wünschen. Da wurde mir klar, warum viele Menschen im Westen Amma sofort ins Herz schließen konnten. Natürlich besteht zwischen Amma und dem Weihnachtsmann immer noch ein gewaltiger Unterschied!

Heute ist, wie jeder weiß, Heiligabend. Für einen spirituellen Menschen ist der Sinn all dieser Feste, seine Spiritualität zu stärken. Weihnachten ist heute vor allem eine Zeit, in der Menschen zusammenkommen und Zeit mit ihrer Familie verbringen. Gleichzeitig ist es auch eine Phase des Konsums – eine Gelegenheit für Unternehmen, Gewinne zu machen. Aber für uns Devotees und auch im Sinne des ursprünglichen Gedankens von Weihnachten, geht es darum, über die Gestalt Christi nachzudenken – über einen großen Mahātmā – und uns mit seinem Leben und seinen Lehren zu beschäftigen.

Warum hat Gott so viel Freude an Dharma?

Kein Land hat das Monopol auf Weise, Mahātmās oder Avatāre. Wann immer es nötig ist, kommt Gott, das höchste Wesen, auf die Erde, um die Lebewesen zu segnen. Tatsächlich gibt es in der Bhagavad Gītā einen sehr berühmten Vers, in dem Krishna sagt, er kommt, wenn es notwendig ist. Nun, was betrachtet Gott als Notwendigkeit? Wahrscheinlich haben alle Menschen, die zum Weihnachtsmann kommen, das Gefühl, dass sie ein großes Bedürfnis haben, das er erfüllen sollte. Die Menschen, die zu Amma kommen, haben auch das Gefühl, dass ihr Bedürfnis echt und dringend ist und dass Gott selbst es erfüllen sollte. Aber was empfindet Gott als Notwendigkeit? Bhagavān Krishna sagt, wenn Dharma abnimmt und Adharma zunimmt, besteht für ihn die Notwendigkeit, persönlich auf diese Ebene der Existenz zu kommen.

Dies ist der Vers: „Immer wenn Dharma zerfällt und das Ungerechte überhandnimmt, erscheine Ich. Um die Guten zu beschützen, die Übeltäter zu zerstören und Dharma wieder fest zu verankern, werde Ich in jedem Zeitalter geboren.“

-Kap. 4, V. 7-8

Wie wird Er geboren? Wird Er so geboren wie wir? Wir werden aus dem Gesetz des Karmas heraus geboren – wir kommen hilflos in diese Welt, abhängig von den Folgen unserer früheren Taten.

„Obwohl ich ungeboren, unvergänglich und der Herr aller Wesen bin, herrsche ich über meine eigene Natur und werde durch meine eigene Māyā geboren.“ -Kap. 4, V. 6

Aus eigenem Antrieb kommt er in die Welt, aus Mitgefühl für die einzelnen Seelen und um das Dharma zu erheben oder aufzurichten.

Warum hat Gott so viel Freude am Dharma? Es muss eine sehr wichtige Sache sein. Selbst seine Boten können diese

Aufgabe nicht erfüllen. Er selbst muss kommen und das Dharma erheben. Was ist also das Großartige am Dharma? Nun, die Schöpfung selbst ist eine sehr mysteriöse Sache. Niemand kann sagen, warum sie hier ist. Die heiligen Schriften sagen nur, dass es vor der Schöpfung nur ein einziges Wesen gab, Brahman. Für diejenigen von euch, die es nicht wissen: Brahman kommt von dem Sanskrit-Wort brihat, was groß oder weit bedeutet. Diese große Unendlichkeit – das Universelle Bewusstsein – existierte allein. Dann dachte es: „Lass mich viele werden", und das Universum entstand. Dieses ganze Universum und wir alle sind also nur Wellen auf dem Ozean von Brahman. Die Wellen unterscheiden sich nicht vom Ozean, sie existieren nicht getrennt von ihm. Sie mögen einen individuellen Anschein haben – wir alle scheinen Individuen zu sein, aber in den Tiefen sind wir alle eins mit diesem Ozean der Intelligenz.

Nachdem die Schöpfung ins Leben gerufen wurde, was kommt dann? Was ist der Zweck? Bhagavān sagt, dass die Welt wie eine Schule ist. Jedes Leben ist wie eine Klasse mit dem Sinn, den Abschluss zu machen und unseren Postgraduierten-Abschluss zu erhalten, der Mukti, Befreiung, Mōkṣha, Selbstverwirklichung oder die Vision Gottes genannt wird. Das ist der Zweck dieser Existenz. Das ist das, was uns immer wieder antreibt, die Suche nach Glück, nach Glückseligkeit, und wir können diesen Zustand vollkommener Zufriedenheit niemals erreichen, solange wir nicht mit dem Ursprung, mit unserer eigenen Quelle eins werden. Das ist Gott oder das Selbst.

Alle Lektionen, alle Erfahrungen, die wir im Leben machen, dienen diesem Zweck, uns zurück zur Quelle zu bringen. Manchmal müssen die Lektionen sehr schmerzhaft sein, weil wir viele Illusionen haben. Wir sind die ganze Zeit in Illusion – der kosmischen Illusion, Māyā. Wir müssen desillusioniert werden, damit wir zielstrebig in die richtige Richtung gehen. Der Zweck schwieriger Situationen ist uns zu desillusionieren, damit wir aus dem Traum von Māyā erwachen.

Bhagavān sorgt sich um seine Schöpfung. Wir wissen nicht, warum sie entstanden ist, aber sie ist da. Derjenige, der sie geschaffen hat, sorgt sich um sie, wie eine Mutter sich um ihre Familie oder Kinder sorgt. Die heiligen Schriften, die Weisen und die Avatāre, erscheinen, um uns den Weg zum Ziel des Glücks zu zeigen. Das ist die Bedeutung von Dharma, denn das ist der Weg zu ihm zurück. Es reicht nicht aus, wenn wir nur sitzen und meditieren, Bhajans singen oder Satsang hören. Das spirituelle Leben muss in jedem Moment unseres Lebens praktiziert werden, in jedem Gedanken, jedem Wort, jeder Handlung. Sind wir im Einklang mit dem Dharma, ist unser Mind im Einklang mit Gott und wir werden das Ziel des Lebens erreichen. Wir werden glücklich werden. Je mehr wir im Einklang mit dem Dharma sind, desto friedlicher wird unser Mind und wir werden von Glückseligkeit, von der Gegenwart Gottes erfüllt. Wir müssen also reflektieren: „Was ist Dharma?" Das lernen wir aus den heiligen Schriften, von Weisen, Heiligen und besonders aus den Leben von Avatāren und Selbstverwirklichten.

Amma sagt etwas sehr Schönes darüber, was Gott veranlasst herabzukommen. Jemand fragte neulich: „Christus war ein gottverwirklichter Mensch; er war ein Avatār. Als er ans Kreuz genagelt wurde, muss das doch extrem schmerzhaft gewesen sein, oder?"

Wurdet ihr schon einmal von einer Nadel oder einem Dorn gestochen? Nur ein kleines Loch und schon hat man große Schmerzen. In welchem Zustand muss er sich befunden haben, als man ihm Nägel durch seine Handgelenke und Füße geschlagen hat? In diesem Zustand sagte er: „Oh Vater, warum hast du mich verlassen?"

Wie konnten diese Worte in diesem Moment aus seinem Mund kommen, nachdem er sein ganzes Leben lang Hingabe, Ergebung und Glauben gelebt hatte?

Die menschliche Seite Gottes

Amma gab die Antwort: „Kinder, sobald die Verwirklichung erreicht ist, verschmelzen einige Wesen mit der Ewigkeit. Nur sehr wenige von ihnen kommen herunter. Wer würde schon herunterkommen wollen, nachdem er den Ozean der Glückseligkeit betreten hat? Um aus diesem Zustand herabzusteigen, der keine Rückkehr kennt, ist es notwendig, etwas zu haben, an dem man sich festhalten kann, einen festen Entschluss, ein Saṅkalpa. Nur wenige, die dieses Saṅkalpa machen können, werden herunterkommen.

Dieser innere Entschluss bedeutet Mitgefühl, Liebe oder selbstlosen Dienst an der leidenden Menschheit. Wenn du nicht auf den Ruf aufrichtiger Suchender und den Schrei der leidenden Welt hören und antworten willst – wenn du lieber im unpersönlichen Zustand bleiben möchtest, ohne Mitgefühl zu zeigen – ist das in Ordnung. Du darfst dortbleiben.

Wenn du herunterkommst, wird durch deinen eigenen Willen ein Vorhang aufgespannt, den du jederzeit beiseite ziehen kannst. Der Vorhang ist notwendig, damit das Leben in dieser Welt reibungslos und ohne Unterbrechung weiterlaufen kann. Du entscheidest dich ganz bewusst dafür, nicht hinter diesen Vorhang zu schauen."

Welche Seite? Die Seite des Eins-Seins mit Gott. Amma spricht natürlich aus ihrer eigenen Erfahrung. Sie hat nie Bücher gelesen oder ist einem Heiligen begegnet. Sie spricht aus ihrer eigenen inneren Erfahrung.

„Und doch gehst du ab und zu auf die andere Seite, aber du schaffst es, wieder zurückzukommen. Allein der Gedanke oder die Erinnerung an die andere Seite kann dich einfach dorthin bringen. Wenn du dann wieder herunterkommst, spielst du deine Rolle gut."

Das ist die Antwort auf die Frage über Christus: Er erfüllte seine Rolle gut.

„Sobald du aus dem Eins-Sein mit Gott herabgestiegen bist, spielst du die Rolle gut. Du lebst und arbeitest hart für die Erhebung der gesamten Menschheit. Du wirst Problemen, Hindernissen und schwierigen Situationen begegnen. Auch wirst du Angriffe, Skandale, Verleumdungen erleben, aber das kümmert dich nicht, denn obwohl du äußerlich wie alle anderen aussiehst, bist du innerlich anders, völlig anders. Innerlich bist du eins mit der Höchsten Wahrheit. Deshalb bist du unberührt, unbeeinflusst. Da du eins mit der Quelle, der Energie selbst bist, arbeitest du unermüdlich und heilst und linderst die tiefen Wunden derer, die zu dir kommen. Du gibst Frieden und Glück an jeden weiter. Deine Art, das Leben zu leben, dein Verzicht, Mitgefühl, deine Liebe und Selbstlosigkeit inspirieren andere dazu, das Gleiche zu tun. Wenn sie sich überhaupt nicht um die Welt kümmern wollen, können diese mitfühlenden und liebevollen Menschen, die heruntergekommen sind, auch in diesem nicht dualen Zustand bleiben und im Höchsten Bewusstsein aufgehen. In diesem Zustand gibt es weder Liebe noch Mangel an Liebe; weder Mitgefühl noch Mangel an Mitgefühl."

„Um Mitgefühl und Liebe auszudrücken und selbstlosen Dienst zu leisten, um andere dazu zu inspirieren, diese göttlichen Eigenschaften zu leben, braucht man einen Körper. Ist ein Körper einmal angenommen, muss er seinen natürlichen Verlauf nehmen. Der Körper des Mahātmās unterscheidet sich von dem eines gewöhnlichen Menschen. Wenn er es will, kann er den Körper so lange behalten, wie er möchte, ohne von Krankheit und Leiden geplagt zu werden. Aber er lässt den Körper bewusst alle Erfahrungen durchgehen, die ein gewöhnlicher Mensch durchmacht. Darin liegt seine Größe!“

Wenn man das Leben von Christus oder von Amma betrachtet, äußern einige Leute diesen Zweifel: „Wenn sie göttlich waren, wenn Amma göttlich ist, warum muss sie dann jetzt so viel Leiden ertragen?“ Als Christus am Kreuz hing, kamen die Pharisäer und Sadduzäer und sagten: „Wenn du der Sohn Gottes bist, steig vom Kreuz herab!“ Das hat nichts damit zu tun, gottverwirklicht zu sein! Selbstverwirklichung bedeutet, mit Gott im Inneren identifiziert zu sein, dass es einen Ort im Inneren gibt, der von allem anderen unberührt ist, selbst von intensivem Schmerz und Leiden. Dieser Ort ist immer ruhig; er verändert sich nie. Das ist das Kernstück ihres Wesens. Aber, wie Amma sagt: „Eine verwirklichte Seele gibt den Körper der Welt, dann geht dieser seinen natürlichen Verlauf. Aber er kann dazu gebracht werden, außergewöhnliche Dinge zu tun. Wurde Krishna nicht während des Mahābhārata Krieges verletzt? Hatte Er nicht achtzehnmal mit Jarasandha, dem mächtigen und grausamen König, gekämpft? Schließlich verließ Er das Schlachtfeld diplomatisch. Er hätte Jarasandha töten können, wenn Er gewollt hätte, aber Er tat es nicht. Denkt daran, dass es ein Pfeil eines gewöhnlichen Jägers war, der Kṛiṣhṇas Leben in dieser Welt ein Ende setzte. Jesus wurde am Kreuz hingerichtet. Beide hätten die Ereignisse, die ihrem Körper ein Ende setzten, verhindern können, aber sie ließen alles nach seinem natürlichen Lauf geschehen. Sie ließen sich vom Leben tragen, entschieden sich so zu sein, wie sie waren und ließen die Ereignisse geschehen.

„Sie waren bereit sich zu ergeben. Doch das bedeutet nicht, dass der natürliche Verlauf für sie unvermeidlich oder unausweichlich ist, wie es für normale Menschen der Fall ist. Nein, das ist nicht so. Wenn sie gewollt hätten, hätten sie alle bitteren Erfahrungen vermeiden können. Da sie allmächtig sind, hätten sie mühelos diejenigen vernichten können, die sich ihnen widersetzten, aber sie wollten ein Beispiel setzen. Sie wollten der Welt zeigen, dass es möglich ist, mit den höchsten Werten des Lebens zu leben, auch wenn man all die Probleme erlebt, die ein gewöhnlicher Mensch hat. Denkt jedoch daran, dass sie ein Naturgesetz brechen können, wenn es notwendig ist."

Das ist, was Amma über die Natur einer verwirklichten Seele zu sagen hat: Sie kommt aus Mitgefühl herab. In den meisten Dingen lebt sie wie gewöhnliche Menschen. Wenn nötig, kann sie über die Naturgesetze hinausgehen, wie es Christus viele Male getan hat. Sein Ausspruch „Oh Vater, warum hast du mich verlassen?", galt denen von uns, die in großem Schmerz oder Leiden auch so empfinden – dass Gott uns verlassen hat. Es ist gar nicht so schlimm, sich so zu fühlen, wenn wir so viel Kummer haben. Sogar Christus selbst hat das gesagt. Er hat wirklich seine Menschlichkeit, sein Menschsein gezeigt; es geschah nicht aus Schwäche. Es war aus Mitgefühl, dass diese Worte aus ihm herauskamen. Denn was hat er kurz danach gesagt?

„Vergib ihnen, denn sie wissen nicht, was sie tun."

Es ist also nicht so, dass er sich selbst in diesem Moment vergessen hätte. Was immer von einer göttlichen Person ausgeht, dient alles dem Wohl der Menschheit.

Da der Zweck eines Avatars darin besteht, der Welt seine Lehren zu geben und durch die Hingabe an seine Person echte Hingabe im Herzen der Menschen zu wecken, dachte ich, wir könnten einige Worte von Christus lesen. Letztes Jahr war ich überrascht zu erfahren, dass viele Menschen noch nie etwas aus dem Neuen Testament gelesen haben. Tatsächlich hatte auch ich das Neue Testament erst gelesen, als ich nach Indien ging.

Christus Worte

Jedes Wort, wirklich jedes einzelne Wort, ist ein Edelstein. Jede Aussage ist eine spirituelle Lehre, ein Juwel der Juwelen. Die Worte, die er seinen Jüngern gab, sind Diamanten seiner Lehren. Es gibt die allgemeine Öffentlichkeit, dann gibt es die Devotees und schließlich die Jünger. Die Jünger erhalten die unverdünnte, destillierte Wahrheit. Es gibt viele Stellen in der Bibel, an denen er zu den Jüngern spricht.

Eines Tages, als sich die Menschenmenge versammelte, ging Christus mit seinen Jüngern auf den Berg hinauf, setzte sich und lehrte sie dort:

„Die Demütigen haben großes Glück, denn ihnen wird das Himmelreich zuteil."

Wir sollten hier einige Begriffe klären. Zuerst einmal könnte das Himmelreich eine andere Daseinsebene in der weiten Schöpfung sein – ein Ort, der friedlich und glückselig ist. Aber Christus sagte: „Das Himmelreich ist in euch." Es muss also auch ein Zustand des Bewusstseins sein. Wenn der Mind vollkommen ruhig wird, dann beginnt die innere Realität, die durch den Vorhang der Gedanken verborgen ist, zu leuchten, man fühlt sich wie im Himmel. Das bedeutet, dass man glücklich und friedlich ist. Das ist der Himmel.

Außerdem bezieht er sich oft auf den Vater, indem er sagt: „Mein Vater hat mich gesandt" und „Ich und der Vater sind eins." Wenn er vom Vater spricht, dann meint er das höchste Bewusstsein, das Absolute Sein, Sat-Chit-Ānanda, den Ozean des Bewusstseins, die Quelle des Lebens, die Quelle unseres Selbst, die Quelle all unseres Bewusstseins, die Quelle der Welt. Das wird der Vater genannt. Nicht, dass der Vater ein alter Mann mit einem Bart oder vielleicht auch ohne Bart ist. Sondern der Vater ist die Wirklichkeit, die unpersönliche Wirklichkeit.

Gleichzeitig kann man sich diese Wahrheit auch als Gott, den Vater und die Mutter vorstellen.

Als Amma ein kleines Mädchen war, besuchte sie einige Jahre lang eine Klosterschule. Zu dieser Zeit setzte sie sich manchmal auf den Friedhof der Kirche zwischen die Grabsteine. Sie beschrieb, dass viele der Seelen, die ihren Körper verlassen hatten, zu ihr kamen und Amma sie tröstete. Sie ging auch oft in die Kapelle und betrachtete das Bild von Christus. Sie stand dort und sagte: „Du bist nicht gestorben. Ich weiß, dass du nicht gestorben bist!"

Sie erzählte uns, dass Christus, wenn er „Vater" sagt, von Śhiva spricht. Amma fühlte, dass Christus ein Devotee von Śhiva war, so wie sie eine Verehrerin der Dēvī ist. Offenbar hat selbst eine göttliche Person, wenn sie in diese Welt kommt, ein Objekt der Verehrung, entweder um anderen ein Vorbild zu sein oder es ist einfach in ihnen angelegt. Ammas Gott war Krishna und Dēvī, und sie fühlte, dass Śhiva der Herr von Christus war. Es gibt auch andere Beispiele. Sri Rāmakṛiṣhṇas Gott war Kāḷī, und der Gott von Sri Ramaṇa Mahāṛiṣhi war Aruṇāchala.

Es gibt viele Theorien, dass Christus in den „unbekannten Jahren" nach Indien kam. Die Bibel schweigt über sein Leben nach seinem zwölften bis zu seinem dreißigsten Lebensjahr. Es wird nichts darüber gesagt, wo er war, bis er plötzlich im Alter von dreißig Jahren wiederauftaucht. Es gibt viele Bücher, in denen steht, er sei nach Indien, Tibet, Ägypten und viele andere Orte gegangen. Wir können nichts endgültig beweisen, aber für mich ist Amma meine Autorität. Sie spricht aus ihrer eigenen Erfahrung und sagt, dass Christus, wenn er vom „Vater" spricht, Śhiva meint.

„Die Trauernden sind selig, denn sie werden getröstet. Die Sanftmütigen und Bescheidenen sind selig, denn die ganze Welt gehört ihnen. Selig sind die, die nach Gerechtigkeit und Güte streben, denn sie werden vollkommen zufrieden sein.

Selig sind die Barmherzigen, denn ihnen wird Barmherzigkeit widerfahren. Selig sind die, deren Herzen rein sind, denn sie werden Gott sehen."

Dies ist das wichtigste Wort in der ganzen Bibel: Wenn unser Mind rein ist, werden wir Gott sehen. Wenn wir Gott nicht sehen, haben wir unseren Mind noch nicht vollständig gereinigt. Was ist mit Reinheit gemeint? Die Abwesenheit von Gedanken ist Reinheit. Je mehr Gedanken desto weniger Reinheit besitzen wir. Das ultimative Ziel der Meditation und anderer spiritueller Praktiken ist es, den Gedankenfluss zu reduzieren, damit das Wahre hervorstrahlen kann.

„Selig sind die, die nach Frieden streben, denn sie werden Söhne Gottes genannt. Selig sind die, die verfolgt werden, weil sie gut sind, denn das Himmelreich gehört ihnen. Wenn ihr beschimpft, verfolgt und belogen werdet, weil ihr meine Jünger seid, dann ist das wunderbar! Seid glücklich darüber! Freut euch, denn euch erwartet eine große Belohnung. Denkt daran, auch die alten Propheten wurden verfolgt."

Leider versteht die Welt den großen Mind nicht, aber der große Mind versteht die Welt. Das ist die Essenz dessen, was Christus hier sagt. All diese Eigenschaften sind nicht die, die die Menschen in der Welt wollen. Die Menschen in der Welt wollen nicht traurig sein. Sie wollen nicht sanftmütig sein. Sie wollen nicht vergeben und voller Mitgefühl sein. Es ist eine aggressive Welt. Es ist eine Welt des Wettbewerbs. Wenn wir nicht hinausgehen und uns holen, was wir wollen, werden wir zurückgelassen. Das ist das Prinzip der Welt. Das ist das Prinzip der spirituellen Unwissenheit, Māyā. Das ist nicht das Prinzip der Spiritualität, nicht das Prinzip der verwirklichten Menschen und Mahātmās. Christus spricht von der Notwendigkeit, spirituelle Prinzipien zu entwickeln. Sie sind schwer zu praktizieren, besonders, wenn man in der Welt lebt. Daher sind Satsang und das Lesen der heiligen Schriften wichtig, damit wir mit den richtigen Ideen in Berührung kommen, denn die Welt wird uns diese Ideen nicht geben.

„Ihr seid das Salz der Erde, um sie erträglich zu machen."

Das bedeutet, die Heiligen und Weisen machen die Welt zu einem guten Ort. Andernfalls wäre sie kein so guter Ort.

„Wenn ihr euren Duft verliert, was wird mit der Welt geschehen? Dann werdet ihr selbst weggeworfen und zertreten. Ihr seid das Licht der Welt, eine Stadt auf einem Hügel, die in der Nacht für alle leuchtet. Verbergt euer Licht nicht; lasst es für alle leuchten. Lasst eure guten Taten für alle sichtbar leuchten, damit sie euren Vater preisen.

Versteht nicht falsch, warum ich gekommen bin. Ich bin nicht gekommen, um die Gesetze von Moses und die Warnungen der Propheten aufzuheben. Nein, ich bin gekommen, um sie zu erfüllen und wahr werden zu lassen. Mit all meiner Ernsthaftigkeit sage ich, jedes Gesetz in diesem Buch wird so lange gelten, bis sein Zweck erfüllt ist. Wer also das geringste Gebot bricht und andere lehrt, es zu tun, wird dieser der Geringste im Himmelreich sein. Aber diejenigen, die Gottes Gesetze lehren und sie befolgen, werden groß im Himmelreich sein."

Was sagt er hier also? Spirituelle Menschen sind wirklich „das Salz der Welt", sie sind die Essenz der Welt. Sie sind es, die die Welt zu einem glücklichen Ort machen. Wenn wir zu Amma kommen, empfinden wir ein solches Glück, ein einzigartiges Glück, das wir durch keine materiellen Mittel erreichen können. Das ist die Bedeutung. In der Gegenwart eines spirituellen Menschen gibt es eine einzigartige Glückseligkeit – ein Glück, das wir in der Welt nicht bekommen können. Und solche Menschen sollten sich nicht verstecken. Sie sollten mitfühlend sein und sich in die Welt einfügen.

„Nach den Gesetzen von Moses lautete die Regel: 'Wenn du mordest, musst du sterben.' Aber ich habe diese Regel erweitert und sage euch, dass ihr schon in Gefahr seid, verurteilt zu werden, wenn ihr nur wütend seid, selbst in eurem eigenen Haus. Wenn du deinen Freund einen Idioten nennst, läufst du Gefahr, vor Gericht gestellt zu werden. Sobald du ihn verfluchst, läufst du Gefahr, verbrannt zu werden."

Jetzt geht er noch einen Schritt weiter. Auch kleine Handlungen sind wichtig. Auch die Dinge, die wir mit unserem Mind tun, sind wichtig.

„Wenn du vor dem Altar im Tempel stehst und Gott ein Opfer darbringst und dann plötzlich bemerkst, dass ein Freund etwas gegen dich hat, lass dein Opfer dort liegen, geh hin und entschuldige dich und versöhne dich mit ihm, und dann komm und bringe dein Opfer Gott dar.

Komm schnell mit deinem Feind ins Reine, bevor es zu spät ist und er dich vor Gericht zerrt.

Das Gesetz von Moses sagt: 'Wenn ein Mann das Auge eines anderen aussticht, muss er mit seinem Auge bezahlen. Wenn ein Zahn ausgeschlagen wird, schlag den Zahn desjenigen aus, der es getan hat.' Aber ich sage: 'Widerstehe dem Bösen nicht. Wenn dich jemand auf deine rechte Wange schlägt, halte ihm auch die linke hin. Wenn du vor Gericht gezogen wirst und man dir dein Hemd wegnimmt, gib auch deinen Mantel ab. Wenn das Militär verlangt, dass du ihre Ausrüstung eine Meile trägst, trage sie zwei Meilen. Gib denen, die dich bitten, und wende dich nicht von denen ab, die etwas borgen wollen. '

Es gibt ein Sprichwort: ‚Liebe deine Freunde und hasse deine Feinde.' Ich aber sage: ‚Liebt eure Feinde. Betet für die, die euch verfolgen.' Auf diese Weise handelt ihr als wahre Söhne Gottes, denn Er lässt sein Sonnenlicht sowohl auf die Bösen als auch auf die Guten scheinen und schickt Regen sowohl über die Gerechten als auch die Ungerechten. Wenn ihr nur die liebt, die euch lieben, was nützt das? Selbst Gauner tun das! Wenn ihr nur zu euren Freunden freundlich seid, wie unterscheidet ihr euch dann von anderen Menschen? Aber ihr sollt vollkommen sein, so wie auch euer Vater im Himmel vollkommen ist."

Das ist das Ziel: Wir müssen eins mit Gott werden. Nichts weniger als das. Wir müssen vollkommen werden. Es ist für die meisten von uns in unserem jetzigen Zustand unvorstellbar vollkommen zu sein. „Sei vollkommen" bedeutet nicht, dass wir keine kleinen Fehler machen, wenn wir Dinge nicht verstehen. Vollkommen bedeutet, dass unser Verhalten und unsere Gedanken immer im Einklang mit dem Dharma sind; dass unser Mind immer in einem vollkommen reinen Zustand ist. Er ist so klar wie der Himmel. Wenn wir denken wollen, können wir denken, aber wir sind nicht der Willkür des Minds ausgeliefert. Wir können ihn ausschalten oder ihn nach Belieben benutzen. In einem solchen Mind wird alles vollkommen sein. Vollkommenes Wissen wird in diesem Mind leuchten.

Weihnachten und der mystische Christus – 2

„Pass gut auf: Deine guten Taten mach sie nicht, um von anderen bewundert zu werden, sonst hast du deinen Lohn schon verspielt. Wenn du jemandem etwas gibst, dann mach kein großes Aufheben darum – keine Show, kein Angeben. Ich sage dir ganz ehrlich: Wer sich feiern lässt, hat seinen ganzen Lohn schon bekommen. Tue Gutes, aber mach es still und im Verborgenen. Lass deine linke Hand gar nicht erst wissen, was die rechte tut. Dein Vater, der alles sieht, auch das Verborgene, wird dich belohnen.

Jedes dieser Worte ist eine spirituelle Lehre. In der Tat sagt Christus nichts anderes als rein spirituelle Worte. Einige der Lehren von Christi handeln von Glauben, andere von Hingabe, Entsagung oder Liebe. Hier sind einige seiner Worte über Entsagung."

Der heilige Franziskus von Assisi trifft den Papst

Viele von uns haben vielleicht über das Leben des Heiligen Franziskus von Assisi gelesen. Er war ein echter Anhänger des christlichen Ideals der Entsagung. Er fühlte, dass er, genauso leben sollte, wie Christus es in den heiligen Schriften gelehrt und vorgelebt hat, um ein Jünger Christi zu sein.

Auch heute noch könnten wir Jünger Christi sein. Das ist genau der Punkt: ein Jünger eines verwirklichten Menschen zu sein, nicht nur ein Devotee. Also, was tat Franziskus? Er gab alles auf und übergab sich vollständig dem göttlichen Willen. Er führte ein so einfaches Leben – nur das Nötigste: einfache Nahrung und die schlichteste Kleidung. „Einfach" bedeutet, dass er einfacher als einfach war: Er trug so etwas wie einen Jutesack mit einem Stück Seil, das wie ein Gürtel um seine Taille gebunden war.

Heute kam ich zufällig an einem Ort vorbei, an dem Menschen ihre Weihnachtseinkäufe machten. Ich fühlte mich dabei sehr seltsam, denn Weihnachten bedeutet für mich, an Christus und sein Leben der Entsagung zu denken. Seine Jünger machten sich keine Sorgen um morgen oder selbst um heute – nicht darum, was sie essen, wo sie schlafen oder was sie anziehen würden. Und hier sehe ich all diese Menschen, die herumlaufen und Dinge kaufen, die kaum notwendig sein können. Es war ein sehr merkwürdiges Gefühl, das zu sehen.

„Jedes Jahr führte Amma ein Programm in Assisi durch, dem Ort, an dem Franziskus von Assisi lebte." Man spürt dort noch immer seine Heilige Präsenz, obwohl er vor Hunderten von Jahren lebte. Amma sagt, dass er ein wahrer und echter Mensch war – und das ist eine sehr seltene Bemerkung von Amma. Sie sagt das nicht oft. Wenn Menschen ihr Fragen über Heilige und Weise stellen, lächelt sie meist oder sagt gar nichts. Aber so eine positive Aussage macht sie nur über wirklich außergewöhnliche Menschen.

Franziskus und einige seiner Freunde und Anhänger renovierten mit eigenen Händen eine heruntergekommene Kirche. Darauf waren der örtliche Bischof und die Bewohner neidisch. Als Franziskus weg war, brannten sie die Kirche nieder. Dabei wurde einer seiner Brüder getötet. Franziskus dachte, dass er etwas sehr Schlimmes getan hatte. Vielleicht war seine ganze Entsagung auf das materielle Leben und der Wiederaufbau der alten Kirche ein Fehler, weil einer seiner Brüder gestorben war.

Also beschloss er, den Papst in Rom aufzusuchen. Er glaubte, der Papst sei der Vertreter Gottes und kann ihm sagen, ob er richtig oder falsch gehandelt habe.

Franziskus und einige seiner Brüder gingen den ganzen Weg – 175 Kilometer von Assisi nach Rom zu Fuß. Das ist eine weite Strecke, barfuß und in einer einfachen Robe, um Essen bettelnd. Sie waren nicht wie wir, die ins Auto steigen, mit 100 Kilometern pro Stunde fahren und unterwegs in einem Restaurant Halt machen. Nein, in der Kälte oder Hitze, im Regen, barfuß, manchmal ohne Essen – zehn Tage und Nächte lang. Das war ihre Pilgerreise.

Als sie den Vatikan erreichten, gelang es diesen Bettlern Gottes irgendwie, eine Audienz beim Papst zu bekommen. Sie waren wahre Jünger Christi.

Ich habe den Vatikan als Teenager besucht. Es ist überwältigend – die Pracht, die Schönheit, die Weite, der Reichtum! Das war es, was Franziskus am meisten beeindruckte – der Reichtum. Er konnte es kaum fassen, denn es hatte nichts mit Christus zu tun. Er schaute sich um, hörte den Chorgesang und sah die vielen Menschen und den Papst, der auf einem Thron saß, hoch oben in diesem prächtigen Bauwerk.

Alle Höflinge sahen sie an und hielten sich die Nase zu und dachten: „Was machen diese dreckigen Bettler hier? Wie sind sie hereingekommen?“ Auch der Papst beobachtete sie mit skeptischem Blick.

Was geschah dann? Franziskus begann, aus der Bibel Worte Christi zu zitieren. Hier sind einige der Worte, die er laut vorlas: „Hortet eure Schätze nicht auf der Erde, wo sie verderben oder gestohlen werden können. Legt sie stattdessen im Himmel an, wo sie für immer wertvoll bleiben und niemand sie stehlen kann. Wo eure Schätze sind, da wird auch euer Herz sein!“

Diese Worte trafen den Papst ins Herz, er stieg von seinem Thron herab. Als die anderen hörten, was Franziskus sprach, stürzten sie auf ihn und riefen: „Was für eine Beleidigung! Warum sprichst du so?“

Es waren die Worte Christi, die er sprach! Es war nicht so, als wären es die Worte eines anderen, oder als hätte er sie erfunden, oder als hätte er sie missbraucht. Dies waren die Worte des Gründers dieser riesigen Kirche – die eigenen Worte Christi! Aber sie verstanden es nicht. Sie nahmen Franziskus fest. Die Priester drängten ihn zur Tür hinaus, doch dann sagte der Papst: „Halt! Bringt ihn zurück!“

Sie brachten ihn zurück und der Papst kam auf ihn zu und sagte: „Ich war wie du, als ich jung war. Ich war voller Eifer, Gott zu sehen und das Leben zu leben, das Christus seinen Jüngern auftrug. Aber irgendwie bin ich in all diese Politik hineingeraten! Ich bin froh, deine Unschuld zu sehen.“

Was tat der Papst dann? Da stehen sich ein achtzigjähriger Papst und ein zwanzigjähriger Betteljunge gegenüber. Der Papst kniete sich nieder, legte seinen Kopf auf Franziskus Füße und weinte.

Die anderen in der Kirche dachten: „Oh Gott, was wird jetzt geschehen?“

„Keine Sorge“, sagte ein schlauer Mann, „der Papst weiß, was er tut. Wenn er diesem armen Mann solchen Respekt entgegenbringt, wird er alle armen Menschen dazu bringen, wieder zur Kirche zu kommen.“

Natürlich war das nicht die Absicht des Papstes. So falsch war er nicht. Er muss unschuldig genug gewesen sein, um so zu empfinden, wie er es tat. Er stand auf und setzte sich zögernd wieder auf seinen Thron. Franz verließ ihn und kehrte in seine kleine Kirche in Assisi zurück.

Christus sagte:

„Wenn dein Auge rein ist, dann scheint die Sonne in deiner Seele. Wenn aber dein Auge von bösen Gedanken und Begierden getrübt ist, bist du in tiefer mentaler Dunkelheit. Oh, wie tief kann diese Dunkelheit sein!"

Das bedeutet, dass wir die Welt sehen, so wie unser Mind ist. Wenn unser Mind voller Gegenwart Gottes ist, sehen wir alles als Gott. Ein Dieb sieht alles, was er stehlen kann. Ein guter Mensch sieht in allem eine Gelegenheit, Gutes zu tun. Alles, was wir sehen, hängt also von unserer mentalen Einstellung ab. Die Augen sind nur Fenster, durch die alles in unseren Mind gelangt und dort wird es interpretiert, so wie eine Sonnenbrille die Sicht färbt. Wenn wir eine grüne Sonnenbrille tragen, sehen wir alles grün. Hegen wir gute Qualitäten im Mind, sehen wir alles gut.

Yudhiṣhṭhira war der älteste Sohn der Pāṇḍavas, die Verwandte von Sri Krishna waren. Man sagt, dass Yudhisthira niemals einen Feind hatte – dass ihm nie ein Feind geboren wurde. Aber in Wirklichkeit hatte Yudhisthira viele Feinde! Tatsächlich gehörte die Hälfte der Millionen, die im Mahabharata-Krieg getötet wurden, zu seinen Feinden. Alle waren gegen ihn. Warum sagt man also trotzdem, er hätte keine Feinde gehabt? Weil er selbst niemanden als Feind sah. Für ihn waren alle Freunde. Sein Mind war so rein, dass er niemals jemanden als Feind betrachtete – deshalb hatte er in Wahrheit keine Feinde. Er war unschuldig. Das nennt man Reinheit des Minds oder „reinen Blick". Ein Mensch mit einem so reinen Herzen steht immer unter dem göttlichen Schutz.

Der Mann, der keine Angst vor Mücken hatte

Das ist die Lehre Christi über Entsagung:

„Du kannst nicht zwei Herren gleichzeitig dienen – Gott und dem Geld. Entweder wirst du den einen lieben und den anderen ablehnen oder umgekehrt. Deshalb sage ich dir: Mach dir keine Sorgen um Dinge wie Essen, Trinken oder Kleidung. Dein Leben und dein Körper sind viel wertvoller als all das. Schau dir die

Vögel an: Sie säen nicht, sie ernten nicht, sie legen keine Vorräte an – und doch sorgt unser Vater für sie. Du bist ihm viel kostbarer als sie. Kannst du mit all deinen Sorgen auch nur einen einzigen Moment zu deinem Leben hinzufügen? Warum also machst du dir solche Gedanken über Kleidung? Sieh dir die Blumen auf dem Feld an: Sie wachsen einfach, ohne sich zu sorgen, und doch sind sie schöner gekleidet als selbst König Salomo in all seiner Pracht. Wenn Gott sich schon so liebevoll um die Blumen kümmert, die heute blühen und morgen verwelken – wie viel mehr wird Er sich dann um dich kümmern? Vertraue Ihm!"

Also sorgt euch nicht um Essen und Kleidung.

„Sei nicht wie Heiden – wie die Menschen, die Gott nicht kennen. Sie hängen an all diesen Dingen und machen sich viele Sorgen darum. Aber dein Vater weiß genau, was du brauchst. Er wird dir alles geben, wenn du Ihn an die erste Stelle in deinem Leben setzt und so lebst, wie es Ihm gefällt."

Dies sind nicht nur Worte. Diese Worte sind die Erfahrung jedes aufrichtigen Menschen, der die Entsagung gewählt hat. Es ist sehr schwierig, alles aufzugeben und auf Gott zu vertrauen, aber jeder, der es getan hat, hat den Schutz Gottes erfahren.

Ich kannte einmal jemanden, der alles aufgegeben hat. Er besaß nichts außer zwei Stoffstücken, zwei Dhōtis, aber sie waren sehr lang, sodass er sie um den Ober- und Unterkörper wickeln konnte. Er legte ein Gelübde ab, dass er niemals jemanden um etwas bitten würde und beschloss, sein Leben damit zu verbringen, von einem heiligen Ort zum nächsten zu wandern. Indien ist voller heiliger Orte, voller Tempel, die im Laufe der Jahrhunderte von Weisen und Heiligen gegründet wurden. Er beschloss, fünfundzwanzig Jahre damit zu verbringen, von einem heiligen Ort zum nächsten zu wandern.

An jedem heiligen Ort machte er Sādhanā, Meditation, und besuchte Pūjas. Und er hat viel gelitten. Er ging zu Fuß – und benutzte in den ganzen fünfundzwanzig Jahren kein einziges Fahrzeug! Er ging hinauf in den Himalaya, wo es wirklich kalt ist. Könnt ihr euch vorstellen, im Winter nur in einem T-Shirt und einer kurzen Hose draußen zu sein? Wie wäre es, so draußen zu schlafen – für wie lange? Nicht nur für ein paar Stunden, sondern für fünfundzwanzig Jahre!

Eines nachts war ich mit ihm im selben Zimmer, es gab dort so viele Mücken. Ich habe noch nie so viele Mücken gesehen. Jede war etwa so groß wie eine Cashewnuss! Es waren bestimmt fünfzehn- oder zwanzigtausend Mücken in einem mittelgroßen Raum. Es klang als seien vedische Gesänge angestimmt worden. Vielleicht hast du schon einmal gehört, wie es klingt, wenn viele Brahmanen zusammenkommen und die Veden rezitieren – genauso laut war es. Nur dass es im Gegensatz zu den vedischen Gesängen völlig unerträglich war! Jemand gab mir ein Moskitonetz, unter dem ich mich versteckte, und so hatte ich einigermaßen Ruhe – abgesehen von den zwei oder drei Mücken, die hineingeschlüpft waren und mich fast in den Wahnsinn trieben.

Was tat er? Er lag auf einem Brett: kein Netz, keine Decke, kein Kissen, nichts. Ich hatte eine Matratze, ein Kopfkissen, eine Decke, alles. Alles, was er hatte, war das zweite Stück Stoff. Das eine trug er, mit dem anderen bedeckte er sich – ein dünnes Baumwolltuch. Er schlief ganz friedlich vor sich hin! Dabei muss er doch von den Mücken förmlich aufgefressen worden sein. Aber es machte ihm überhaupt nichts aus. Dann, gegen zwei Uhr morgens stand er auf. Mitten in all den Mücken saß er da und sang stundenlang: „Ram! Ram! Ram! Ram!" – bis sechs oder sieben Uhr morgens. Als ich ihn mir am Morgen genauer ansah, dachte ich, er wäre blutüberströmt. Aber er hatte nicht einen einzigen Mückenstich. Er hatte seine ganze Kraft aus der Hingabe geschöpft. Sein Vertrauen war unerschütterlich. Körperlich war er zwar schmächtig geworden, doch innerlich strahlte er eine Stärke aus, die nichts erschüttern konnte. Diese innere Kraft war wie ein Schild, das ihn durch alle Schwierigkeiten trug.

Wenn Bhajans erklangen, geriet er sofort in Ekstase. Nichts konnte ihn dann zurückhalten: Er sprang auf, tanzte, rannte umher, lachte, schrie vor Freude. Oft fiel er einfach zu Boden und lachte, erfüllt von reiner Glückseligkeit. Denn in diesen Momenten hatte er alles andere vergessen – nur Gott war in seinem Herzen. Sein Mind verschmolz augenblicklich mit dem Göttlichen. Gott ist nicht ernst oder fern – Gott ist reine, unendliche Glückseligkeit. So tauchte er in diese Welle der Freude ein und wurde selbst zur Ekstase zur Glückseligkeit.

Christus und der reiche Mann

Das bedeutet nicht, dass wir alle für fünfundzwanzig Jahre in Amerika in den Bergen umherwandern müssen, nur in einem Dhōti gekleidet.

Allerdings müssen wir uns auf das Wesentliche beschränken und keine unnötigen Dinge besitzen. Wie viele Paar Schuhe und Kleidungsstücke hat jeder Mensch zusätzlich? Es ist unglaublich! Behalte nur das, was notwendig ist, den Rest – gib weg. Wir brauchen es nicht. Selbst Geld – wie viel davon brauchen wir? Behalte, was du brauchst, den Rest – gib weg! Genau das sagte Christus, als der reiche Mann zu ihm kam. Welche Worte waren das?

„Jemand kam zu Jesus mit dieser Frage: ‚Gnädiger Meister, was muss ich tun, um das ewige Leben zu erlangen?'"

Vielleicht hätte er nicht fragen sollen! Frag niemals einen gottverwirklichten Menschen etwas, wenn du nicht bereit bist, die Antwort anzunehmen. Wirklich. Im Ernst, es ist besser, du fragst nicht, wenn du den Rat nicht befolgen wirst.

„Was muss ich tun, um das ewige Leben zu erlangen?"

Er dachte wahrscheinlich, es wäre etwas ganz Einfaches: Meditiere fünf Minuten am Tag und esse vegetarisch – so etwas in der Art. Aber was sagt Christus?

„Wenn du mich gut nennst, dann nennst du mich Gott. Denn nur Gott ist wirklich gut. Aber um deine Frage zu beantworten: Du kannst in den Himmel kommen, wenn du dich an die Gebote hältst."

„Welche?", fragte der Mann.

„Töte nicht. Begehe keinen Ehebruch. Stiehl nicht. Lüge nicht. Ehre deinen Vater und deine Mutter und liebe deinen Nächsten wie dich selbst."

„Das habe ich immer getan", antwortete der junge Mann. „Was muss ich noch tun?"

Er hatte also schon alles befolgt und trotzdem hatte er kein ewiges Leben. Was macht er falsch?

Hier kommt die Antwort:

„Wenn du vollkommen sein willst, geh und verkaufe alles, was du hast und gib das Geld den Armen, und du wirst einen Schatz im Himmel haben. Komm und folge mir."

Aber als der junge Mann das hörte, ging er traurig weg, denn er war sehr reich. Dann sagte Jesus zu seinen Jüngern: „Es ist leichter, dass ein Kamel durch ein Nadelöhr geht, als dass ein Reicher in das Reich Gottes kommt!"

Es ist nicht so, dass jemand am Himmelstor steht und sagt: „Bist du reich? Du kommst hier nicht rein. Wir lassen nur arme Leute hinein." Nein. Es bedeutet, wie kann man dann an Gott denken, wenn der Mind mit weltlichen Dingen beschäftigt ist?

Oder wenn wir es vom Standpunkt des Pfades der Erkenntnis aus betrachten: Ist unser Mind immer nach außen gerichtet, wie können wir ihn dann im Selbst verankern? Wie können wir so einen ruhigen Mind entwickeln, der das Licht des Selbst reflektiert? Neunundneunzig Prozent der Menschen, die wohlhabend sind, sind es, weil sie es sein wollen. Also ist ihr Mind damit beschäftigt. Wie können sie gleichzeitig an Gott denken? Natürlich gibt es eine seltene Gruppe, vielleicht ein Prozent, die viel Geld haben, weil es ihr Schicksal ist, aber die keine Bindung daran haben. Sie rechnen nicht nach. Diese Menschen geben es einfach aus, wenn sie es brauchen und sind sehr großzügig. Sie könnten alles auf einen Schlag aufgeben, ohne auch nur eine Sekunde darüber nachzudenken, ohne sich umzudrehen und zurückzuschauen. Jesus sagt also, es ist fast unmöglich für diejenigen, die an Reichtum gebunden sind, in das Himmelreich zu kommen. Das heißt, es ist unmöglich für sie, wirklich tief zu meditieren.

Diese Aussage verwirrte die Jünger – selbst die Jünger! Nicht, dass sie reich waren. Sie dachten nur: ‚Was sagt er da? Bedeutet das, dass niemand, der am Geld hängt, Gott erreichen kann?'

„Wer in der Welt kann dann überhaupt gerettet werden?", fragten sie. Jesus sah sie an und sagte: „Menschlich gesehen, niemand. Aber bei Gott ist alles möglich."

Durch Gottes Gnade kann also selbst jemand, der stark am Reichtum hängt, Ihn erkennen. Nichts ist unmöglich. In der Tat erkennen wir Gott nicht durch unsere eigenen Bemühungen. Doch wir müssen uns so weit wie möglich bemühen, der Rest liegt in Gottes Händen.

Christi wichtigsten Worte

Nachdem Christus zu seinen Jüngern gesprochen und viele Wunder vollbracht hatte, um den Glauben der Menschen zu stärken, machte er sich daran, die Übeltäter zu überwinden. Eines seiner Ziele war es, die Gesellschaft zu reinigen.

Er wollte den Menschen nichts antun – nur das Böse in ihnen zerstören, damit das göttliche, unschuldige Kind in ihrem Inneren wieder zum Vorschein kommen konnte – genau so, wie es Amma heute tut. Damals waren die Pharisäer und Sadduzäer – die Priester – eigentlich dazu da, den Menschen den Weg zu Gott zu zeigen. Doch sie kümmerten sich weder darum noch um irgendetwas wirklich Religiöses. Sie waren mehr an ihren eigenen Geschäften und Vorteilen interessiert. Das sprach Christus auch offen ihnen gegenüber aus.

„Ihr habt diesen Tempel in einen Marktplatz verwandelt!"

Er ging hinein und begann, links und rechts Dinge umzuwerfen.

Er sagte: „Das ist eine Räuberhöhle!"

In jenen Tagen lag die Führung der Gesellschaft in den Händen der Priester. Doch da sie keine Wahrheit in sich trugen, konnten sie die Worte Christi nicht annehmen. Später schmiedeten sie einen Plan gegen ihn, brachten ihn vor Gericht, verurteilten ihn und ließen ihn hinrichten. Er wurde gekreuzigt. Es heißt, dass schon lange vorher viele gottesfürchtige Propheten in Israel vorausgesagt hatten, dass so etwas geschehen würde. Sie hatten verkündet, dass jemand kommen würde – ein Avatār. Sie nannten ihn den Messias oder den Gesalbten. Er würde die Vollendung des dharmischen Lebens all jener sein, die vor ihm gelebt hatten. Alles war vorausgesagt worden – sogar die Worte, die er sprechen würde.

Als man ihn schließlich fragte: „Bist du derjenige?", antwortete er: „Ich bin es."

Trotzdem konnten sie ihn nicht annehmen.

Am Ende wurde er gekreuzigt.

Bevor er starb, sprach er:

„Vater, vergib ihnen, denn sie wissen nicht, was sie tun."

Amma sagt, dass dies unsere Einstellung sein muss, dass wir diese Eigenschaften entwickeln müssen. Diese Mahātmās hatten die Macht, die Situation zu korrigieren. Sie hatten die Macht, sich selbst zu schützen, aber sie taten es nicht. Stattdessen betonten sie Vergebung, Nachsicht und Mitgefühl.

Die Worte Christi waren das Beste, was er sagen konnte. Das ist es, woran wir uns erinnern müssen. Vergebung und Glaube geben uns die Kraft, friedlich zu bleiben, egal was passiert.

Drei Tage, nachdem Jesus getötet wurde, erweckte er seinen Körper wieder zum Leben – ein Kinderspiel für jemanden wie ihn. Er kam zu seinen Jüngern und sprach mit ihnen. Kurz bevor er diese Welt für immer verließ, sagte er:

„Seid gewiss, dass ich immer bei euch bin, alle Tage bis an das Ende der Welt."

Loslösung - 1

Das Lied „Omkara Divya Porule“ von Amma vermittelt die Sichtweise der Advaita/Vedānta-Philosophie, die lehrt, dass wir Ātman sind und nicht der Körper. Der Körper stirbt, aber wir nicht. Die Glückseligkeit, die wir die ganze Zeit, jeden Tag, jeden Moment unseres Lebens suchen, liegt nicht außerhalb von uns, sondern ist unser wahres Selbst.

Amma hat diese Verse nicht selber geschrieben; es handelt sich vielmehr um eine Sammlung ihrer Lehren, die ein Swāmī in Form eines Liedes niederschrieb. Ein Vers lautet:

> Tyagam manassil varanyal kurum tapam varum maya-mulam
> A satiraikiloklesam varum sarva nasam varum buvil arkum.

Das bedeutet: Wenn der Mind keine Entsagung kennt, bringt die Illusion großes Leid hervor. Solange Verlangen nicht an der Wurzel entfernt wird, entstehen immer neue Schwierigkeiten, die schließlich im völligen Ruin eines jeden in dieser Welt enden.

Das sind harte Worte. Offensichtlich möchte Amma, dass wir so schnell wie möglich zur Wahrheit erwachen. Doch die meisten von uns müssen wahrscheinlich erst durch die Schule der Härte gehen, bevor das geschieht.

Die Geschichte von Bhartrihari

Bhartrihari war ein großer Devotee und ein König, der später Mönch wurde. Er lebte im 5. Jahrhundert nach Christus. Eines

Tages kam ein Weiser zu ihm und überreichte ihm eine Frucht mit den Worten: „Wenn du diese Frucht isst, wirst du sehr lange leben." Der König schenkte die Frucht seiner Lieblingskönigin. Doch die Königin gab sie an ihren Geliebten weiter, dieser wiederum reichte sie an seine Freundin, und so wanderte die Frucht immer weiter, bis sie schließlich in den Händen eines Fremden in der Stadt landete. Der Fremde dachte, dass er selbst nicht würdig sei, diese Frucht zu behalten und brachte sie dem König zurück, weil er meinte, der König sei der beste Empfänger. Der König verfolgte daraufhin den Weg der Frucht zurück und fand heraus, dass seine Frau ihm nicht treu war.

Die Erkenntnis, dass die Frau, die er für seine Liebste hielt, ihm nicht einmal treu war und ihre sogenannte Liebe eine Täuschung war, riss ihn aus dem Schlaf von Māyā. Er begann, über ernstere Dinge nachzudenken und beschloss, die Welt zu verlassen, in der er bisher sein ganzes Leben lang nur Träumen hinterhergejagt war. Bhartrihari wurde ein Sannyāsī und zog sich in eine Höhle in Ujjain, Madhya Pradesh zurück. Dort verbrachte er den Rest seines Lebens mit Tapas und schrieb hundert Sanskritverse über Entsagung. Diese werden Vairāgya Satakam genannt und sind herausragende Werke der Sanskritliteratur. Es gibt wahrscheinlich kein Buch über Loslösung oder Entsagung, das so ergreifend ist wie dieses. Ein ähnliches Werk, Bhaja Gōvindam von Ādi Śhaṅkarāchārya, befasst sich ebenfalls mit demselben Thema der Vergänglichkeit der Welt, der Illusion des weltlichen Glücks und der Größe der Selbstverwirklichung.

Vairāgya Satakam ist wie ein Kommentar zu Ammas Lehren. Warum legt sie so viel Wert auf Entsagung? Wie wir schon oft gesagt haben, bedeutet Entsagung nicht, ein Sannyāsī zu werden, in den Wald zu gehen oder in einem Āśhram zu leben und Tapas zu praktizieren. Jeder muss in seinem täglichen Leben ein gewisses Maß an Entsagung üben. Angenommen, du kommst von der Schule nach Hause. Morgen hast du eine Prüfung, aber dein Mind sagt: „Ich möchte fernsehen." Dein Mind weiß jedoch: „Nein, ich muss meine Hausaufgaben machen, sonst falle ich durch die Prüfung." Was wirst du tun? Folgst du dem, was dein Mind und deine Sinne sagen, oder dem, was dein Verstand dir rät? Wirst du Computer spielen oder lernen? Hoffentlich legst du die vorübergehenden Vergnügungen beiseite und entscheidest dich für das, was auf lange Sicht wichtig ist. Das nennt man Entsagung.

Tatsächlich tun wir das oft in unserem Leben. Wenn du in irgendeinem Bereich erfolgreich sein möchtest, musst du ein gewisses Maß an Kontrolle über deinen Mind und deine Sinne ausüben, denn es liegt in ihrer Natur umherzuwandern. Es ist normal zu glauben, dass Glück in den äußeren Dingen zu finden ist – das ist die Erfahrung der meisten Menschen. Aber wenn du deine Sinne einfach machen lässt, was sie wollen, wird dich das nur zerstören. Du verlierst deine Konzentration und kannst nichts richtigmachen. Am Ende landest du in Schwierigkeiten.

Die Upaniṣhaden geben das Beispiel eines Menschen, der eine Kutsche lenkt und die Zügel der Pferde hält. Wenn du die Zügel loslässt und die Pferde einfach laufen lässt, was passiert dann? Sie werden in einen Graben am Straßenrand fallen und du wirst verletzt. Du musst also lernen, die Zügel festzuhalten und die Pferde zu kontrollieren. Mit deinen Sinnen ist es genauso. Wenn du das nicht lernst, musst du leiden. Es spielt keine Rolle, wer du bist. Das ist die Natur der Dinge.

Angenommen, auf einem Gasherd brennt eine Flamme. Du bist noch sehr jung, vielleicht erst ein Jahr alt und weißt nicht, was Feuer ist. Es fasziniert dich und du denkst: „Oh, wie schön!" Dann steckst du deinen Finger hinein. Was wird passieren? Du wirst dich verbrennen. Zwar kannst du dem Feuer sagen: „Ich bin doch nur ein kleines Kind, ich wusste nicht, dass du mich verbrennen wirst!" Aber das Feuer wird keine Rücksicht auf dich nehmen. Die Naturgesetze sind so beschaffen, dass es ihnen egal ist, wer gegen sie verstößt. Es ist egal, wie unschuldig oder unwissend du bist. So ist die Natur. Auch deine Sinne kümmern sich nicht um dich. Sie haben ihre eigene Natur, dein Mind auch. Aber du, die Seele, Ātman, musst lernen, sie zu kontrollieren, wenn du ein friedliches und nicht ein zerstreutes Leben führen willst.

Amma sagt, dass die Selbstkontrolle bis zum Maximum gesteigert werden kann, dass der Mind so kontrolliert und ruhig werden kann, dass er mit seiner Quelle verschmilzt und wir den Zustand der Selbsterkenntnis erlangen können. Wenn wir erfahren wollen, wer wir sind, dass wir wirklich der unsterbliche Ātman und nicht der Körper sind, muss der Mind völlig ruhig werden, damit diese Erfahrung auftauchen kann. Aus der Bhakti-Perspektive, der Hingabe, ist dies ebenfalls die Voraussetzung, um Gott zu erkennen. Die nach außen gerichtete Tendenz des Minds muss sowohl für weltlichen Erfolg als auch für spirituelle Verwirklichung gebändigt werden.

Parīkṣhit und das Śhrīmad Bhāgavatam

Viele von uns haben vielleicht schon das Śhrīmad Bhāgavatam gelesen. Es enthält Geschichten aus dem Leben von Sri Krishna und den Inkarnationen von Viṣhṇu. Auch vom Leben vieler Devotees von Viṣhṇu und zahlreicher Könige wird darin erzählt. Es ist eine Nacherzählung der alten indischen Geschichte und ist voller spiritueller Lehren.

Die Geschichten werden einem König namens Parīkṣhit erzählt, der nur noch sieben Tage zu leben hatte. Er erhielt die Nachricht, dass es sein Schicksal war, von einer sehr giftigen Schlange gebissen zu werden und zu sterben. Als er diese Nachricht erhielt, begann er, das Leben ganz anders zu sehen. Bis dahin hatte er das Leben genossen. Aber als er hörte, dass er in einer Woche sterben wird, veränderte sich alles. Er erkannte:

„Was hat all das, was ich in meinem Leben getan habe, eigentlich für einen Sinn? Was nützen mir mein Königreich, meine Familie, mein Reichtum, mein Ansehen, meine Gesundheit? In einer Woche ist alles vorbei. Gibt es nichts, das wirklich von Dauer ist?"

Da er ein spiritueller Mensch war, wusste er, dass das Selbst, Ātman, die Vision Gottes wertvoller war als die vergänglichen Dinge der Welt. So setzte er sich an das Ufer des Gaṅgā und begann zu meditieren.

Warum meditieren? Weil der Mind so unruhig ist, dass wir ihn irgendwie zur Ruhe bringen müssen, um inneren Frieden zu finden. Eine Möglichkeit, dies zu erreichen, ist die Meditation. Je mehr wir inneren Frieden suchen, desto mehr erkennen wir, dass die Welt der Sinne uns davon ablenkt. Wir spüren den Stress, den die Sinne auf uns ausüben. Alle fünf Sinne ziehen in verschiedene Richtungen und wollen immer stimuliert und befriedigt werden. Manche Menschen, die alles erlebt haben, was sie sich durch die Sinne gewünscht haben, finden trotzdem keine Zufriedenheit. Sie erkennen: „Wie schlimm ist das! Meine Sinne quälen mich! Obwohl ich es nicht will, hören sie nicht auf." Dieses ständige Streben nach äußeren Dingen kommt von den Vāsanās.

Amma gibt ein Beispiel, was mit Vāsanā gemeint ist: Wir fassen einen Entschluss, „Ich werde das nicht mehr tun", aber die alte Gewohnheit zwingt uns, es wieder zu tun. Sie erzählt die Geschichte vom Hund und vom Schakal. Jedes Mal, wenn der Schakal vorbeiging, fing der Hund an zu bellen. Der Hund beschloss: „Ich werde meine Zeit nicht damit verschwenden. Warum sollte ich den Schakal anbellen?" Aber beim nächsten Mal, als der Schakal vorbeiging, bellte der Hund natürlich wieder.

Oder die Geschichte von der Katze, die lesen und schreiben lernen wollte. Die Katze hatte es satt, Mäuse zu jagen und dachte:

„Es muss doch eine bessere Möglichkeit geben, meinen Lebensunterhalt zu verdienen, als ständig Mäusen hinterherzulaufen. Wenn ich lesen und schreiben lerne, finde ich bestimmt eine andere Arbeit, wenn auch nur vorübergehend." Also besorgte sich die Katze über einen Fernkurs ein Buch. Etwa eine Woche lang lief alles gut. Aber eines Nachts lief eine Maus vorbei. Die Katze warf die Kerze um und rannte der Maus hinterher und vergaß dabei alle Lektionen.

Das sind Vāsanās. Wir treffen eine Entscheidung: „Ich werde diese Sache nicht mehr tun, egal was es ist." Doch dann, wenn die Situation wieder eintritt, tun wir es wieder! Deshalb ist es wichtig, Selbstbeherrschung und Entsagung zu fördern, damit wir nicht nach der Pfeife unserer Sinne und unserer Gewohnheiten tanzen.

Der König versuchte zu meditieren, aber es gelang ihm nicht. Manchmal erwacht in uns eine tiefe Sehnsucht nach innerem Frieden – sei es durch Schmerz, einen kurzen Einblick ins Spirituelle oder die Nähe zu einem Mahātmā wie Amma – die Ursache mag verschieden sein. Wenn wir diesen Durst spüren, kommt unser Lehrer. Wir müssen nicht nach einem Meister oder Guru suchen. Es wird einfach geschehen. Diese Begegnung muss einfach stattfinden. Das ist das spirituelle Naturgesetz.

Als Parīkṣhit dort saß und mit seinem Mind kämpfte, kam der große Mahātmā Suka zu ihm. Nicht nur er, sondern auch viele andere Mahātmās kamen zu ihm. Suka wollte Parīkṣhit auf eine sehr besondere Weise einweihen – indem er ihm eine lange Geschichte erzählte. Es brauchte sieben Tage, um die Geschichte zu erzählen. Diese Geschichte war das Śhrīmad Bhāgavatam. Am Ende sagte Suka: „Ich habe dir all dies über die Natur des Universums, das spirituelle Leben, Hingabe, Meditation, Weisheit und Entsagung nur aus einem Grund erzählt – damit du leidenschaftslos gegenüber den Sinnesobjekten wirst. Denn nur, wenn dies geschieht, wirst du den Frieden und die Glückseligkeit deiner eigenen Seele erfahren."

Durch seine Hingabe an den Herrn und der Unmittelbarkeit des Todes offenbarten Sukas Worte Parīkṣhit die wahre Natur der Welt. Nachdem er sieben Tagen das Bhāgavatam hörte, schloss er seine Augen und durchbrach den Schleier der Illusion. Sein Mind kam vollkommen zur Ruhe, er stoppte. In diesem stillen Mind sah er sein wahres Selbst. Er verlor das Bewusstsein für seinen Körper und die Welt. Wenn wir kein Körperbewusstsein haben, haben wir auch kein Weltbewusstsein. Genau wie im Schlaf, wenn wir unser Körperbewusstsein verlieren und die Welt nicht mehr für uns existiert. Parīkṣhit verlor all das äußere Bewusstsein, aber er war sich seines wahren Selbst im Innern voll bewusst. Während er in diesem Zustand war, kam die Schlange, biss ihn und sein Körper starb – aber er merkte es nicht einmal, denn er war für immer in der Glückseligkeit, im Ātman aufgegangen.

Verlangen und Entsagung

Entsagung bedeutet, den Mind und die Sinne vollständig still werden zu lassen – und ist daher wichtig für tiefes inneres Verstehen.Wir erreichen dies durch Satsang, durch die Gegenwart einer Person wie Amma oder durch die Geschichten in den heiligen Schriften. Vairāgya Satakam wurde genau dafür geschrieben. Natürlich verarbeitete Bhartrihari darin vor allem seine eigenen Erfahrungen, aber er schrieb es auch zum Wohl anderer.

> Ehre sei Śhiva, dem Licht des Wissens, der im Herzenstempel eines Yōgis wohnt. Wie die aufgehende Sonne vertreibt er die umschlingende, endlose Nacht der Unwissenheit, die den menschlichen Mind verdunkelt. Mit Śhiva kommen Glück und Wohlstand. Amor

> verbrannte Śhiva wie eine Motte, ganz spielerisch und strahlt mit dem Licht der Mondsichel auf seiner Stirn.

Bhartrihari verehrte Śhiva als seinen Iṣhṭa Dēvatā, seinen persönlichen Gott, daher beginnt er sein Werk mit einem Gebet an ihn. Er preist Śhiva. Ich werde nicht jeden einzelnen Vers vorlesen. Es gibt hundert Verse, ich werde nur etwa dreißig davon besprechen.

„Wir haben all die weltlichen Vergnügen, nicht wirklich genossen – vielmehr haben sie uns verzehrt."

Alle haben wir sicherlich schon einmal zu viel gegessen. Das Essen war so köstlich. Wir haben es genossen, aber wir konnten nicht aufhören zu essen. Was als Genuss begann, endete schließlich als Schmerz, als Bauchschmerz. So sind die Sinne. Mäßigung ist in Ordnung, aber wenn wir nicht auf die Bremse treten, dann verschlingen uns die Dinge, die wir eigentlich genießen wollten.

„Wir haben keine religiösen Entbehrungen auf uns genommen, aber sind innerlich selbst verbrannt. Die Zeit vergeht nicht – wir sind es, die vergehen, weil der Tod näherkommt. Das Verlangen hat nicht an Kraft verloren, selbst, wenn wir körperlich schwächer und älter werden."

Amma sagt, dass ein Mensch – selbst wenn er hundert Jahre alt ist – innerlich noch immer Verlangen haben kann wie ein Sechzehnjähriger. Nur weil wir einen alten Menschen sehen, sollten wir nicht denken, dass er keine Wünsche oder Sehnsüchte mehr hat. Ihre Wünsche sind genauso stark wie die eines Jugendlichen.

„Das Gesicht ist von Falten gezeichnet, das Haar grau geworden, der Körper schwach und kraftlos – aber das Verlangen blüht unvermindert weiter."

Der Körper zerfällt, aber das Verlangen bleibt stark, das liegt in seiner Natur. Wenn wir nichts dagegen tun, wird es mit dem Alter nicht schwächer. Denke nicht: „Wenn ich achtzig Jahre bin, höre ich mit allen weltlichen Dingen auf und gehe in einen Āśhram, um zu meditieren." Das Verlangen hört nicht von selbst auf. Dieses Verlangen macht den Mind und die Sinne unruhig. Es ist die Kraft, die unseren Mind nach außen treibt.

„Obwohl all meine Freunde, die mir so lieb waren wie mein eigenes Leben, schon längst in den Himmel eingegangen sind, obwohl mein Wunsch nach Vergnügen längst ermüdet ist und ich den Respekt der Menschen verloren habe, obwohl mein Blick vom grauen Star getrübt ist und mein Körper sich nur noch mühsam mit einem Stock aufrichten kann – trotzdem, ach, trotzdem erschrickt dieses Herz noch immer beim Gedanken an den Tod."

Auch wenn mein Körper zerfällt und ich so alt bin, dass ich kaum noch mit einem Stock aufstehen kann, zittere ich, wenn ich an den Tod denke.

„Die Hoffnung ist wie ein fließender Fluss, dessen Wasser die unaufhörlichen Begierden sind. Er tobt mit den Wellen der Sehnsucht. Die Anhaftungen an verschiedene Objekte sind seine Raubtiere. Durchtriebene Gedanken sind die Vögel. Auf seinem Weg reißt er die großen Bäume der Geduld und der Standhaftigkeit um. Er ist durch den Strudel der Unwissenheit und die große Tiefe unpassierbar. Seine Ufer der ängstlichen Überlegungen sind in der Tat steil. Solch einen Fluss überqueren die großen Yōgis mit reinem Mind, um höchste Glückseligkeit zu genießen."

Die Vorstellung, dass wir durch Dinge außerhalb von uns dauerhaft glücklich werden, ist das Werk der kosmischen Illusion, die wir Māyā nennen.

Unser ganzes spirituelles Leben besteht nur aus dem Versuch, die Kraft von Māyā zu überwinden. Wenn wir in den Weltraum reisen oder die Anziehungskraft der Schwerkraft entkommen möchten, was müssen wir tun? Sitzen wir nur hier, passiert nichts. Wir brauchen eine Rakete. Sobald sie dann eine bestimmte Geschwindigkeit erreicht, kann sie der Schwerkraft entkommen.

Wir könnten ewig hier auf der Erde sitzen, die Schwerkraft lässt uns nicht los – das ist ihre Natur. Genauso ist es mit Māyā; sie lässt uns nie los. Es ist nicht so, dass sie grausamböse oder ein schlechter Scherz wäre. Das ist einfach ihre Natur. Feuer ist auch nicht grausam, es hat einen Zweck. Können wir uns vorstellen, es gäbe keine Schwerkraft? Was wäre dann los? Wir würden in der Luft schweben, und wenn wir nach draußen gingen, würden wir ins All hinausschweben. Schwerkraft ist notwendig.

Wenn wir der Kraft von Māyā entkommen wollen, wenn wir nicht länger nach der Melodie unserer Sinne tanzen und nicht mehr der Illusion erliegen möchten, dass wahres Glück in vergänglichen Dingen zu finden ist, dann müssen wir kämpfen. Wir müssen kämpfen, bis wir wirklich frei sind. Das ist es, was man Mōkṣha nennt – Befreiung oder Selbstverwirklichung. Wie viel müssen wir kämpfen? Wie oft? Das ist so, als würde man fragen: „Wie oft muss ich fliegen, um der Schwerkraft zu entkommen?" Wir müssen so lange fliegen, bis wir sie überwunden haben.

Deshalb ist ständige Bemühung im spirituellen Leben so wichtig. Das ist der Grund, warum ich, obwohl wir jede Woche hierherkommen, immer wieder die gleichen Dinge sage. Zumindest frischt es mein eigenes Gedächtnis auf. Jedes Mal, wenn ich mich selbst über die höheren spirituellen Wahrheiten sprechen höre, gibt mir das einen Anstoß, der mich hoffentlich wachrüttelt, auch wenn es vielleicht nur vorübergehend ist.

Der Körper wird letztlich sterben. Auch wenn er älter wird, werden die Wünsche nicht weniger. Wenn wir uns die Mühe ansehen, die wir investieren, um glücklich zu sein, scheint das Glück immer nur von kurzer Dauer zu sein.

„Die Dinge, die uns Freude bereiten – selbst wenn sie lange bei uns bleiben – werden uns irgendwann verlassen. Warum also fällt es uns so schwer, sie freiwillig loszulassen?“

Nach dem Gesetz des Karmas kommt alles, was wir freigebig geben, zu uns zurück – und zwar dann, wenn wir es wirklich brauchen. Bhartrihari fragt: Auch, wenn wir wissen, dass wir nichts dauerhaft festhalten können – weder Besitz noch Vergnügen –entweder sie verlassen uns oder wir sie – warum gelingt es uns trotzdem nicht, sie vorher freiwillig wegzugeben? Wenn Dinge uns nicht aus eigenem Antrieb genommen werden, reißt das eine tiefe Wunde in unser Herz. Sobald uns jemand etwas stiehlt oder unser Geschäft durch einen Schicksalsschlag zerstört wird, ist es sehr schmerzlich für uns. Doch es wäre nicht dasselbe, wenn wir diese Dinge freiwillig gegeben hätten. Dann würden wir uns glücklich fühlen.

Wenn Menschen freiwillig auf begehrte Dinge verzichten, führt das zur ewigen Glückseligkeit der Selbstverwirklichung. Wir wollen nicht geben, um etwas zurückzubekommen; das ist nicht die Idee. Das ist nicht das Prinzip, das wir hier versuchen zu lernen. Das wäre ein Geschäft. Aber wenn wir geben, dann verändert sich etwas in uns: Wir beginnen allmählich, nichts mehr haben zu wollen – und genau das macht uns glücklich. Es ist nämlich das ständige Verlangen nach etwas, das uns unzufrieden, engstirnig und ruhelos macht.

Wenn wir nichts mehr für uns selbst wollen, sondern nur noch geben möchten, dann bekommen wir etwas ganz anderes zurück – inneren Frieden.

Nichts außer Entsagung kann uns diesen Frieden geben.

„Gesegnet sind jene, die in Berghöhlen leben und über Brahman, das höchste Licht, meditieren, während Vögel ohne Furcht auf ihrem Schoß hocken und die Tränen der Glückseligkeit trinken, die sie in der Meditation vergießen, während unser Leben in der Aufregung des Vergnügens in palastartigen Villen oder an den Ufern erfrischender Teiche oder in Lustgärten schnell vergeht, alles nur von der Fantasie erschaffen und erdacht."

Gesegnet sind jene, die in Glückseligkeit in der Meditation über Gott leben und die Tränen von Ananda vergießen. Die Vögel sitzen auf dem Schoß solcher Menschen, weil sie vor ihnen keine Angst haben. Die Weltlichen hingegen sind im Vergnügen versunken. Der letzte Teil dieses Verses ist sehr wichtig, aber leicht zu übersehen. Bhartrihari sagt, dass all diese Vergnügungen eigentlich nur durch die Fantasie erschaffen und erdacht sind. Wenn in den Dingen der Welt von Natur aus Glück läge, dann müssten sie uns immer Freude bereiten. Doch wir sehen, dass das nicht so ist. Ob etwas angenehm oder unangenehm ist, hängt ganz von der inneren Haltung des Minds ab. Was uns heute Freude macht, kann uns morgen Schmerz bereiten – allein durch eine Veränderung in uns selbst.

„Was ich esse, habe ich durchs Betteln bekommen. Es ist geschmacklos und nur eine Mahlzeit am Tag. Mein Bett ist die nackte Erde. Der einzige Diener ist mein eigener Körper. Mein Gewand ist eine zerlumpte Decke aus hundert Flicken- und doch, ach – das Verlangen verlässt mich nicht."

Obwohl ich fast nichts besitze und alles aufgegeben habe, bin ich noch immer nicht in der Lage, dem Verlangen zu entsagen. Wie stark es doch ist!

„Ohne seine brennende Kraft zu kennen, stürzt das Insekt in das glühende Feuer."

Hast du schon einmal gesehen, wie ein Insekt in ein Feuer oder gegen eine heiße Glühbirne fliegt? Es ist sehr traurig, dass es nicht weiß, was mit ihm passieren wird. Wie unterscheiden wir Menschen uns davon? Obwohl wir nachdenken können, bevor wir etwas tun, fühlen wir uns doch oft von Dingen angezogen, die uns am Ende Schwierigkeiten oder sogar den Tod bringen.

„Der Fisch schnappt – aus Unwissenheit – nach dem Köder und wird vom Haken gefangen. Wir Menschen dagegen besitzen das Unterscheidungsvermögen und können erkennen, wie viele Gefahren in sinnlichen Wünschen verborgen sind –trotzdem geben wir sie nicht auf. Ach, wie unergründlich ist die Macht der Täuschung!"

Weder Amma noch die heiligen Schriften sagen, dass jeder ein Yōgi werden und in einer Höhle leben sollte oder dass niemand ein weltliches Leben führen und Freude haben sollte. Sie sagt, wir sollten das wahre Wesen von weltlichem Vergnügen und Schmerz unterscheiden – jedoch uns nicht darin verlieren.

Dieses Wissen sollten wir wie einen stillen Schatz in unserer sichersten „inneren Tasche" bewahren. Denn wenn wir irgendwann in unserem Leben feststellen, dass die Suche nach Glück durch Sinnesfreuden und weltliche Erfahrungen ins Leere läuft, dann haben wir etwas, worauf wir zurückgreifen können: die Erinnerung an diese Worte der Loslösung.

Dann können wir unsere Einstellung ändern und ein spirituelleres Leben führen, das auf göttliche Glückseligkeit und Frieden ausgerichtet ist.

„Wenn der Mund vor Durst trocken ist, trinkt der Mensch ein kühles Getränk. Plagt ihn der Hunger, isst er wohlschmeckenden, gekochten Reis. Wird er vom Feuer der Begierde verzehrt, umarmt er seinen Partner. So ist das sogenannte Glück nichts anderes als das vorübergehende Stillen von Krankheiten – von Hunger, Durst und Lust. Und sieh nur, wie sehr der Mensch sich abmüht, es zu finden!"

Bhartrihari vergleicht den Durst der Sinne mit einer Art Krankheit. So kann man es auch sehen. Unsere Sinne werden unruhig, stimuliert, gereizt, und um dieses Unbehagen loszuwerden, tun wir die verschiedensten Dinge. So verläuft unser Leben – wir entzünden ein Feuer und löschen es dann gleich wieder.

„Umgeben von hohen Palästen, von Söhnen, die von den Gelehrten geschätzt werden, von unermesslichem Reichtum, einer geliebten Frau und im Glauben, dass diese Welt dauerhaft sei, rennen die Menschen, getäuscht von Unwissenheit, geradewegs in das Gefängnis des weltlichen Daseins. Gesegnet ist jedoch derjenige, der die Vergänglichkeit dieser Welt erkennt und sie loslässt. Der Magen, dieses gierige Loch – wie schwer ist er zu füllen! Wie viel Unheil geht von ihm aus!"

Warum sagt er das? Weil – wenn wir nicht jeden Tag essen müssten – viele unserer Probleme wegfielen. Wir hätten weniger mit Hunger, Verdauungsproblemen oder Übergewicht zu kämpfen. Zudem müssten wir nicht so viel Geld verdienen, wenn wir ein einfaches Leben führten. Kein aufwendiges Essen, keine ständige Versorgung. Wenn wir unter einem Baum leben könnten, mit dem Allernötigsten bekleidet, würde es genügen.

„Der Hunger zerschneidet auf raffinierte Weise genau jene Knoten in uns, an denen unser Selbstbild hängt."

Viele Menschen werfen ihre Selbstachtung über Bord, nur um ihren Magen zu füllen.

„Er gleicht dem hellen Mondlicht, das auf eine Lotusblüte fällt, die nur im Sonnenlicht gedeiht. Er ist die Axt, die die üppigen Ranken unserer Bescheidenheit abschneidet. "

„Selbst im Genuss – wohnt die Angst vor Krankheit inne."

Wenn wir krank sind, können wir nicht richtig genießen. Angenommen, wir lieben es gut zu essen, aber unser Magen ist schwach, oder wir haben keine Zähne? Stell dir vor, wir lieben es, schöne Dinge zu sehen, aber unsere Augen funktionieren nicht mehr richtig. Oder wir mögen es, Musik zu hören, aber wir sind schwerhörig. Sobald eine Krankheit ins Spiel kommt, wird jedes sinnliche Vergnügen zum Problem. Es könnte auch so verstanden werden: Der Energieverlust, der durch das Genießen entsteht, kann unseren Körper schwächen und zu Krankheit führen.

„In der sozialen Stellung liegt die Angst vor dem Abstieg. Bei Reichtum ist die Angst vor Dieben, in der Ehre die Angst vor Demütigung, in der Macht die Angst vor Feinden, in der Schönheit die Angst vor dem Altern, im Körper die Angst vor dem Tod. Alles, was zum weltlichen Leben des Menschen gehört, ist von Angst begleitet. Nur die Entsagung allein führt zur Furchtlosigkeit."

Die Gesundheit der Menschen wird durch zahllose körperliche und seelische Leiden bedroht. Dort, wo Lakshmi wohnt – die Göttin des Reichtums und des Wohlstands – da finden auch Gefahren leicht einen Zugang.

Was ist damit gemeint? Lakṣhmī ist die Göttin des Reichtums und Wohlstands. Wo es Wohlstand gibt, gibt es auch ein offenes Tor zum Elend, denn Wohlstand bringt so viele Komplikationen mit sich. Die meisten Menschen denken nicht so. Ihr Glaube lautet: „Wenn wir erst reich sind, dann sind wir glücklich. Dann hören die Probleme auf." Ein spiritueller Mensch jedoch misst dem äußeren Reichtum keinen großen Wert bei. Sein wahres Vermögen ist sein innerer Frieden. Er kann seinen Wohlstand ohne Anhaftung für das Wohl der Welt einsetzen.

Göttin Lakṣhmī und Swāmī Vidyaranya

Swāmī Vidyaranya war im 14. Jahrhundert Premierminister des Königs von Vijayanagara. Später wurde er ein Sannyāsī – ein Entsagender – und schließlich das Oberhaupt des Śṛṅgeri Śaṅkara Pīṭha. Wie viele andere hatte auch dieser Premierminister den Wunsch, reich und wohlhabend zu sein. Also führte er alle Rituale zu Ehren der Göttin Lakṣhmī durch. Dreimal am Tag führte er Pūjas durch. Zehntausend Mal wiederholte er das Mantra von Lakṣhmī. Tag und Nacht besuchte er Lakṣhmī-Tempel und legte viele Gelübde ab, um ihre Gnade zu erhalten und reich zu werden.

So vergingen viele Jahre, aber Reichtum stellte sich nicht ein. Schließlich hatte er die Nase voll und erkannte: „Warum verausgabe ich mich so sehr für etwas, das mir nichts bringt? Mein Leben schwindet dahin." Da traf er eine Entscheidung: Er ließ das weltliche Leben hinter sich, zog das ockerfarbene Gewand eines Sannyāsī an und machte sich auf den Weg zur Gottverwirklichung. In diesem Moment erschien eine strahlend schöne Frau vor ihm – es war niemand anderes als Göttin Lakṣhmī!

Er sagte: „Kann ich etwas für Dich tun, Dēvī?"

„Du hast all die Jahre zu mir gebetet. Nun bin ich endlich gekommen."

„Jetzt, bist du gekommen. Aber jetzt – jetzt will ich Dich nicht mehr."

„Doch ich muss dir etwas geben."

„Okay, dann schenke mir den Reichtum des spirituellen Wissens. Gib mir die Fülle der Erkenntnis."

Da segnete sie ihn mit tiefer Weisheit, mit Kenntnis der Schriften und mit innerer Erfahrung. Durch Lakṣhmīs Segen erhielt er den Namen Vidyaranya, was „Wald des Wissens" bedeutet.

Wer Lakshmi nur des äußeren Reichtums wegen sucht, landet am Ende in einer Sackgasse. Denn mit Reichtum kommen all die Sorgen, von denen wir bereits gesprochen haben – Tod, Krankheit, Feinde, Verlust, Angst und ständige Unsicherheit.

„Alles, was geboren wird, muss sterben."

Gibt es etwas, das vom Schöpfer erschaffen wurde und dauerhaft Bestand hat? Nein.

„Die Freuden der verkörperten Wesen sind flüchtig wie ein Blitz in den Wolken. Das Leben ist so unsicher wie ein Tautropfen auf einem Lotusblatt. Die Wünsche der Jugend sind unbeständig. Der Weise der dies erkennt, sollte schnell seinen Mind im Yoga verankern – erreichbar durch Geduld und inneres Gleichgewicht. Das Alter nähert sich wie ein Tiger, der erschreckt. Krankheiten greifen den Körper an wie Feinde. Das Leben rinnt davon wie Wasser aus einem undichten Gefäß. Und dennoch, wie erstaunlich, der Mensch begeht weiterhin schlechte Taten!“

Loslösung – 2

Wir alle schlafen tief in einer Traumwelt, die Māyā oder universelle Illusion genannt wird. Der einzige Weg aufzuwachen ist durch intensive spirituelle Praxis und Loslösung von diesem Traum. Dies ist nicht die einzige Lehre von Amma.

Amma lehrt auch, dass man durch tiefe Hingabe an Gott, durch verschiedene Wege der Hingabe oder durch den Weg des selbstlosen Dienstes den Mind zu seinem wahren Wesen, dem unsterblichen Selbst, erwecken kann.

Wir sprechen hier über Vēdānta und die Notwendigkeit von Vairāgya, was Losgelösheit bedeutet. Ich werde gleich erklären, was ich mit Vairāgya meine.

Wenn wir sagen, dass wir in Māyā schlafen, bedeutet „Māyā" jene Kraft, die uns die wahre Realität vergessen lässt. Sie ist immer da, doch sie bringt uns dazu, das, was direkt vor uns liegt, als real zu betrachten. Dies leitet uns zu mehr Schwierigkeiten hin. Nicht nur die höchste Realität vergessen wir, sondern auch die vielen kleinen Wirklichkeiten des Lebens.

Stellen wir uns vor ein kleiner Junge, etwa anderthalb oder zwei Jahre alt, sitzt vor uns. Noch bevor er irgendetwas über diese Welt weiß, legen wir dem Jungen Goldmünzen und Kekse vor die Nase. Was glaubt ihr, was der Junge nehmen wird? Natürlich die Kekse. Warum? Weil er nicht weiß, dass er mit den Goldmünzen Berge von Keksen kaufen könnte. Er sieht nur das unmittelbare Vergnügen, das direkt vor ihm liegt. An langfristige Vorteile denkt er nicht.

Das ist Māyā: Wir sehen das unmittelbare Vergnügen, das uns eine Sache gibt und streben danach, ohne über die langfristigen Folgen nachzudenken.

Wie können wir aus Māyā aufwachen? Amma sagt, dass Vairāgya - innere Loslösung - der entscheidende Schlüssel ist. Selbst Ādi Śhaṅkarāchārya – von dem du vielleicht schon gehört hast, betont: Wenn wir keine andere spirituelle Qualität besitzen als Vairāgya, dann reicht allein das aus, um Selbstverwirklichung zu erlangen – um den Kreislauf von Geburt und Tod zu überwinden.

Was ist also Vairāgya genau? Das Wort bedeutet wörtlich „Freiheit von Rāga“. Rāga meint hier nicht nur eine Melodie in der indischen Musik, es bedeutet auch Anziehung oder Anhaftung an Dinge oder Erfahrungen. Unser Mind schwankt immer zwischen Anziehung, Abneigung dem Für oder Gegen etwas oder zu Gleichgültigkeit. Vairāgya ist der Zustand, in dem diese Anziehungskraft verschwindet – wenn wir uns weder hinziehen noch abstoßen lassen, sondern in innerer Freiheit ruhen. Dies ist der Schlüssel, um aus dem Traum zu erwachen. Unsere Anziehung und Bindung an die Illusion von Māyā hält uns im Schlaf gefangen.

Diese Anziehung erzeugt Energie und führt zu einem Leben nach dem anderen. Es wird sehr kompliziert, denn solange wir schlafen, wirkt das Gesetz des Karmas. Alles, was wir in diesem Traum tun, hat eine Aktion und Reaktion. Der einzige Weg, wie wir dieses Rad oder diesen Kreislauf durchbrechen können, ist zu erwachen. Das bedeutet, wir müssen unseren Mind aus dem Traum zurückziehen, dann wird er sich auflösen. Wenn der Traum endet, erwachen wir. Dieser erwachte Zustand wird Bodha, Erleuchtung, Selbstverwirklichung oder Befreiung vom Kreislauf der Wiedergeburt genannt.

Samartha Rāmdas und Śhivaji Maharaja

Samartha Rāmdas lebte im 17. Jahrhundert in Maharashtra und war ein großer Devotee von Hanumān und Rāma. Er verkörperte all die Eigenschaften, die Hanumān hatte: Hingabe an Sri Rāma, selbstloses Dienen und Entsagung.

Als er zwölf Jahre alt war, wollte seine verwitwete Mutter ihn verheiraten. Während der Hochzeitszeremonie saßen der Junge und das Mädchen sich gegenüber, getrennt durch ein Tuch oder einen Vorhang. Kurz bevor sie sich treffen und heiraten sollten, sagte der Priester: „Savadhan (Sei wachsam!)." Rāmdas war von Kindheit an spirituell veranlagt. Als er „Savadhan" hörte, dachte er: „Ich sollte mich besser in Acht nehmen! Bin ich sicher, dass ich mich auf diese komplizierte Situation einlassen will? Habe ich alle Folgen bedacht? Wird alles in Ordnung sein? Was wird mit meinem spirituellen Leben geschehen?" Dieses eine Wort brachte all diese Gedanken hervor. Plötzlich sprang er zur Überraschung aller wie ein Affe von seinem Sitz auf und rannte so schnell er konnte aus dem Hochzeitssaal. Danach sah ihn niemand wieder – und das für die nächsten zwölf Jahre. Das nennt man intensive Loslösung.

Vairāgya entsprang bei ihm am Anfang aus der Angst vor den Leiden und den Komplikationen des weltlichen Lebens, aber er war dazu bestimmt, ein Mönch zu werden und deshalb geschah es so. Ein Wort reichte aus. Niemand musste ihm etwas erklären. Er überlegte auch nicht: „Was passiert, wenn ich dies tue? Was passiert, wenn ich es nicht tue? Soll ich dies oder das tun?" Nein, sein Vairāgya entsprang der tiefen Überzeugung, dass das weltliche Leben ein Hindernis für seinen spirituellen Fortschritt ist. Nur sehr wenige Menschen empfinden so, aber diejenigen, die für Sannyasa bestimmt sind, entwickeln diese Art von Vairāgya an einem bestimmten Punkt in ihrem Leben.

Sie zögern nicht, denn sie wissen, dass es für sie keinen anderen Lebensweg gibt.

Also sprang er auf, rannte in einen Wald und begann intensive spirituelle Praktiken. Im Winter stand er bis zum Hals in kaltem Wasser in einem Fluss und wiederholte sein Mantra. Er verbrachte jede wache Stunde mit verschiedenen Formen der Verehrung, Tapas und dem Studium. Er wiederholte sein Mantra 130 Millionen Mal! All diese Sādhanā-Praktiken zielten darauf ab, noch mehr Loslösung von seinem physischen Dasein und der Welt zu entwickeln, um mit dem Selbst zu verschmelzen. Schließlich erlangte er durch die Gnade von Sri Rāma die Vollkommenheit.

Eines Tages, als Rāmdas bettelnd umherzog, kam er zufällig am königlichen Palast seines Schülers, Śhivaji Maharaj, vorbei. Er hatte seine Bettelschale dabei – eine ausgehöhlte Kokosnussschale. Er ging von Haus zu Haus und sagte: „Biksham dehi cha Parvati", „Oh, göttliche Mutter, bitte gib mir Almosen." Als er zu den Toren des Palastes kam, rannte Śhivaji heraus. Der Guru hielt seinem Schüler die Schale hin. Rāmdas sagte: „Bitte gib mir ein Almosen." Śhivaji nahm eine Feder und ein Blatt Papier, schrieb etwas darauf und legte das Papier in die Schale. Rāmdas fragte: „Was ist das? Wird dieses Papier meinen Hunger stillen?"

„Bitte, Swāmīji, lies."

Was stand auf dem Papier? Śhivaji hatte das Königreich an Rāmdas überschrieben und sprach: „Das Königreich gehört nun dir. Ich will nichts mehr damit zu tun haben. Das sind meine Almosen an meinen Guru. Ich möchte nur dir dienen."

Das klingt vielleicht unglaublich, aber es gibt auch heute noch Menschen, die so handeln. Sie haben so viel Liebe und Vertrauen in ihren Guru und die Nase voll von der Welt. Ohne zu zögern, geben sie alles ihrem Guru. Ein wahrer Devotee muss furchtlos sein gleich, wie jemand, der bereit ist, von einer Klippe zu springen ohne zu wissen, was passieren wird. Erst kurz bevor er auf dem Boden aufschlägt, fängt ihn etwas auf und setzt ihn sanft ab.

Also übergab Śhivaji das ganze Königreich an Ramdas. Dieser las den Brief und sagte: „Vielen Dank, aber behalte es treuhänderisch für mich. Du verwaltest es für mich.“ Das ist wahres Vairagya – bei beiden! Der Schüler hatte echte Losgelöstheit; der Guru hatte echte Losgelöstheit. Niemand wollte das Königreich!

Das ist ein praktisches Beispiel dafür, was Vairāgya bedeutet. Es ist das, was für einen ausgeglichenen Mind nötig ist. Es ist Mangel an Vairāgya, der Mangel an Losgelöstheit, der unseren Mind so ruhelos macht. Er rennt immer von einem Ding zum anderen. Wenn er eine Sache bekommt, hört er für ein paar Augenblicke auf zu rennen. Doch dann taucht ein neuer Wunsch auf, und der Mind jagt wieder etwas anderem hinterher. Er steht nie länger als ein oder zwei Sekunden still, außer wenn wir schlafen oder im Samādhi-Zustand sind. Die meisten von uns haben nie Samādhi erlebt, also ist es eher der tiefe, traumlose Schlaf.

Irgendwann haben wir die Nase voll von dieser ständigen Unruhe. An diesem Punkt beginnen wir den Weg zurück zu unserem wahren Selbst. Wir sind auf dem Weg zurück zu Gott. Wir müssen den Punkt erreichen, an dem wir sagen können: „Ich habe genug von dieser endlosen Rastlosigkeit. Was immer ich auch erreicht habe, es brachte mir keinen Frieden. Kein Ding in dieser Welt birgt echten Frieden.”

Es gibt einen wunderschönen Vers von einem Mahātmā, der beschreibt, wie wir irgendwann unweigerlich zum Selbst oder zu Gott zurückkehren müssen. Es ist unvermeidlich, jedes Wesen muss diese Stufe erreichen, die Stufe des wahren Vairāgyas. Hier ist der Vers:

„Das Wasser steigt als Wolken aus dem Meer auf, fällt dann als Regen herab und fließt in Bächen zurück zum Meer. Nichts kann es davon abhalten, zu seiner Quelle zurückzukehren.

Ebenso kann die Seele, die sich von Dir erhebt, nicht davon abgehalten werden, sich wieder mit Dir zu vereinen, auch wenn sie auf ihrem Weg in viele Wirbel gerät. Ein Vogel, der von der Erde aufsteigt und in den Himmel fliegt, kann in der Luft keinen Ort der Ruhe finden, sondern muss wieder zur Erde zurückkehren. So müssen alle ihren Weg zurückgehen, und wenn die Seele den Weg zurück zu ihrer Quelle findet, wird sie versinken und mit Dir verschmelzen, oh Aruṇāchala, Du Ozean der Glückseligkeit!"

– Sri Ramaṇa Mahāṛiṣhi

Das geschieht mit uns. Wir sind wie das Wasser, das aus dem Meer aufsteigt, zur Erde zurückkehrt und als Fluss hierhin und dorthin fließt, bis es das Meer erreicht. Oder wie ein Vogel, der in den Himmel aufsteigt, aber letztendlich zur Erde zurückkehren muss.

Was ist die Quelle, aus der wir entstanden sind und in die wir zurückkehren? Der Ozean der Glückseligkeit, Gott, das Selbst.

Furcht vor dem Tod

König Parīkṣhit erfuhr, dass er in einer Woche sterben würde. Er gab alles auf, setzte sich hin, meditierte und verwirklichte Gott innerhalb dieser einen Woche. Amma sagt, wenn wir mit solch einer Intensität leben, reicht sogar ein einziger Moment.

Parīkṣhit war sehr losgelöst, intensiv in seinem Streben nach der Erkenntnis Gottes und hatte auch große Angst vor dem Tod. Daran ist nichts falsch. In gewisser Weise ist es gut, Angst vor dem Tod zu haben, denn diese Energie der Angst spornt uns an, spirituelle Praktiken zu betreiben.

Was tat er also? Er tat etwas sehr Interessantes: Als er erfuhr, dass er am siebten Tag durch einen Schlangenbiss sterben würde, ließ er eine sehr hohe Säule bauen, vielleicht 15 oder 30 Meter hoch. Auf der Spitze der Säule war ein Raum, und es gab außer einem Seil keine Möglichkeit, die Säule hinauf und hinunterzusteigen. So gelangte er hinauf. Er saß oben im Raum und meditierte. Immer wenn er Essen brauchte, ließ er einen Korb herab, und dieser wurde mit Früchten und anderen Dingen gefüllt. Auf diese Weise ernährte er sich sieben Tage lang. Rund um die Säule hatte er seine ganze Armee aufgestellt, damit sie jede auftauchende Schlange sofort wie einen Chapati oder eine Tortilla plattdrücken konnte.

Was geschah dann? Die Schlange, die dazu bestimmt war, ihn zu beißen, war keine gewöhnliche Schlange. Sie war äußerst listig. Sie verwandelte sich in einen winzigen Wurm, noch kleiner als ein Regenwurm, kroch unbemerkt in eine der Früchte, die Parīkṣhit am siebten Tag zum Frühstück gereicht wurden. Als er die Frucht nahm und gerade hineinbeißen wollte, streckte der Wurm sein kleines Köpfchen heraus, lächelte ihn an, verwandelte sich blitzschnell in eine riesige Schlange – und biss ihn. Das war's. Wenn unsere Zeit gekommen ist, dann gehen wir. Ganz gleich, ob wir im Himmel sind oder unter der Erde, auf dem Mond, im Schlafzimmer oder auf der Autobahn. Wenn unsere Zeit abgelaufen ist, gibt es kein Entkommen. Krishna sagt in der Bhagavad Gītā:

„So wie ein Mensch abgetragene Kleider ablegt und neue anzieht, so verlässt das verkörperte Selbst einen alten Körper und nimmt einen neuen an. Für das, was geboren wurde, ist der Tod gewiss; und für das, was gestorben ist, ist die Geburt gewiss. Daher sei nicht besorgt über das, was sich nicht vermeiden lässt." (Kapitel 2, Verse 22 und 27)

Nun lesen wir einige Verse von Bhartrihari. Jeder Vers ist wie ein kostbares Juwel. Bitte höre nicht mit dem Ohr für Poesie oder Philosophie zu – sondern mit dem Herzen. Diese Worte wurden geschrieben, um uns aufzuwecken. Wenigstens für einen Moment sollen sie uns erkennen lassen, wie tief wir im Traum der Māyā schlafen. Es ist kaum zu glauben, wie tief wir schlafen.

„Das Alter rückt näher und erschreckt den Menschen wie eine furchterregende Tigerin. Krankheiten greifen den Körper an wie Feinde. Das Leben rinnt dahin wie Wasser aus einem undichten Gefäß. Und dennoch wie ist es doch erstaunlich, der Mensch fährt fort weiterhin Böses zu tun!"

Das bedeutet nicht, dass es nichts Gutes im Leben gibt, oder dass wir das Leben nicht genießen sollten. Aber wir müssen auch die schmerzhaften Seiten des Lebens verstehen. Ein spirituelles Leben bedeutet, alles zu verstehen, nicht nur das Schöne zu bewundern und die wahre Natur der Dinge zu ignorieren. Wir können die angenehmen Seiten des Lebens sehen, aber wir müssen auch die andere, die schmerzhafte Seite wahrnehmen – beide Seiten der Medaille. Das ist wahre Weisheit. Besonders für uns, die wir es gewohnt sind, nur das Angenehme zu betrachten, ist es sehr wichtig, damit wir die Dinge ausgewogener wahrnehmen.

„Vielgestaltig und vergänglich sind die Genüsse, aus ihnen besteht diese Welt. Warum irrst du also hier umher, oh Mensch? Hör auf, dich dafür abzumühen. Wenn du Vertrauen in meine Worte hast, richte deinen Mind auf das höchste Fundament – die Wirklichkeit. Befreie dich von Verlangen, indem du die Hoffnung und ihre tausend Fallstricke zerschlägst."

Das Verlangen lässt uns nach vergänglichen Dingen streben. Selbst wenn wir nicht das Gewünschte bekommen, lässt uns die Hoffnung nicht los – sie hält uns auf Trab wie ein Irrlicht, dem man nie nahekommt. Bhartrihari ruft uns auf, Vertrauen in seine Worte zu haben. Sie entspringen seiner eigenen Erfahrung der Realität. Wenn wir die Hoffnung aufgeben, dass unsere Wünsche uns glücklich machen, wird unser Mind ruhig.

„Es gibt nur ein einziges Vergnügen, das dauerhaft, unveränderlich und erhaben ist. Wer es schmeckt, für den verlieren selbst die größten Besitztümer und die Herrschaft über die drei Welten jeden Reiz. Wenn man es erlebt, erscheinen die Götter

Brahma, Indra und die anderen wie Grashalme. Richte dein Herz auf keine vergängliche Freude außer auf diese."

Ein spirituelles Leben bedeutet nicht, dass wir auf Genuss und Freude verzichten, sondern uns nach einer höheren Freude sehnen. Jemand hat einen gewöhnlichen Ford, als nächstes will er einen Mercedes, dann einen Rolls-Royce. Und wenn er vom Rolls-Royce gelangweilt ist, was dann? Wahrscheinlich will er dann einen Bentley.

Wir haben ein kleines Haus und denken, es wäre viel besser, wenn wir ein größeres hätten. Dann bekommen wir das größere Haus, aber das reicht nicht, also denken wir: „Ich wünschte, ich hätte ein noch größeres." Dann sehen wir jemanden, der ein noch größeres Haus hat. Wie weit kann das gehen? Es gibt kein Ende des Genusses und keine endgültige Zufriedenheit, kein endgültiges Genug. Das kann es nie geben. Bhartrihari sagt: Es gibt ein Vergnügen, das uns für immer zufriedenstellen wird, und das selbst die höchsten Götter im Universum wie Gras aussehen lässt.

Das ist es, was Amma auch sagt. In einem Lied beschreibt sie ihre Erfahrung: „Ich sah alles als mein eigenes Selbst, das gesamte Universum als eine winzige Blase in meiner eigenen unendlichen Weite."

Das ist die Erfahrung, die wir brauchen. Wenn wir aus diesem Schlaf erwachen, sehen wir das ganze Universum als eine winzige Blase in unserer ewigen Weite. Das ist die höchste Glückseligkeit und das Ziel des spirituellen Lebens.

„Renne nichts anderem hinterher. Verschwende nicht deine Kraft. Verschwende nicht deine Zeit. Verwickle dich nicht in all die Komplikationen von Māyā."

„Wo in einem Haus einst viele waren, ist jetzt nur noch einer. Und wo einer oder viele waren, ist am Ende keiner mehr."

Verstehst du? In einem Haus lebten einst viele. Dann war nur noch einer übrig und nach einiger Zeit war auch dieser eine nicht mehr da.

„Dies ist das Spiel des Meisters Vater Zeit. Auf dem Schachbrett der Welt bewegt er die Lebewesen wie Schachfiguren und wirft die zwei Würfel von Tag und Nacht. Mit jedem Sonnenaufgang und jedem Sonnenuntergang wird das Leben kürzer. Doch wir merken es nicht, weil unser Alltag überfrachtet ist mit unzähligen Beschäftigungen. Nicht einmal angesichts von Geburt, Tod, Alter und Leid verspüren wir Furcht. Ach, die Welt ist verrückt geworden, weil sie den Wein von Māyā getrunken hat."

Das Leben entgleitet uns mit jedem Tag und jeder Nacht. Es wird immer kürzer, doch wir sind so beschäftigt mit allem Möglichen, dass wir es nicht bemerken. Wir sind betrunken vom Māyā-Wein. Amma sagt: „Selbst wenn wir selbst nicht viel leiden, sollten wir dorthin gehen, wo andere leiden. Damit wir die Natur dieses Rades der Zeit verstehen – wie erbarmungslos das Gesetz des Karmas ist. Wenn wir Leid sehen, sollten wir denken: ‚Das könnte auch mir passieren.

„Obwohl sie sehen, dass jede Nacht unaufhörlich auf jeden Tag folgt, laufen die Geschöpfe vergeblich auf ihrem weltlichen Weg weiter, beschäftigt mit verschiedenen Aktivitäten, angetrieben von heimlichen Gedanken und Wünschen. Ach, wie verblendet wir sind, selbst die Scham haben wir verloren, dass wir uns vom Kreislauf aus Geburt und Tod immer wieder täuschen lassen – mit denselben Erlebnissen, die sich unaufhörlich wiederholen."

Eine Kuh kaut immer wieder und wieder das gleiche Gras. Unser Leben ist genauso: Wir tun immer wieder die gleichen Dinge. Wir machen immer wieder dieselben Erfahrungen und trotzdem machen wir weiter. Wir denken nicht daran, zu versuchen, über unser gewöhnliches, weltliches Leben hinauszugehen. Das ist Māyā.

„Diejenigen, von denen wir geboren wurden, stehen jetzt in engem Kontakt mit der Ewigkeit."

Sie sind längst tot.

„Diejenigen, mit denen wir aufgewachsen sind, sind jetzt nur noch Erinnerungen. Da wir nun selbst alt geworden sind, nähern wir uns Tag für Tag unserem Ende zu. Wir gleichen Bäumen, die auf einem sandigen Flussufer stehen."

Wenn ein Flussufer sandig ist und dort ein Baum wächst, was wird mit dem Baum geschehen? Er wird sterben, und wenn er stirbt, wird er zerfallen und sich mit dem Sand vermischen. Genauso stehen wir am sandigen Ufer des Flusses der Zeit. Es gibt kein festes Ufer am Fluss der Zeit. Der Fluss der Zeit trägt den Sand unter den Wurzeln ab. Schließlich wird der Baum umfallen und zerfallen.

„Erst sind wir für eine Weile ein Kind, dann ein junger Mensch mit romantischen Neigungen, jetzt für eine Weile arm, dann in Fülle lebend. So wie ein Schauspieler am Ende seiner Rolle, wenn der Körper durch das Alter an allen Gliedern erkrankt und voller Falten ist, verlässt er die Bühne, hinter der der Tod wartet."

Jetzt sind wir jung, dann werden wir älter, dann noch älter, und schließlich verlassen wir die Bühne. Die Welt ist eine Bühne. Erinnerst du dich an deine Kindheit? Wie schnell sie vorbei war. Dann kamen die Pflichten des Erwachsenseins. Jetzt – für viele von uns – ist das Alter da. Der nächste Schritt ist der Tod. Und danach? Wiedergeburt.

„Unruhig, oh Mind, mal fällst du tief, mal steigst du himmelhoch. Du eilst in alle Himmelsrichtungen. Warum konzentrierst du dich nicht einmal versehentlich auf die höchste Wirklichkeit deines eigenen Selbst, das frei ist von allen Unvollkommenheiten? Dort liegt das höchste Glück!"

Unser Mind schweift überall hin außer dorthin, wo er hingehört, zu unserem eigenen Selbst. Er ist wie ein Fluss, der aus den Bergen kommt und sich in alle Richtungen ergießt, aber nie zu seiner Quelle zurückkehrt. Doch dorthin muss er schließlich gelangen. Wir lernen, erleben und wissen so viel, am Ende kommen wir an den Punkt, an dem wir zur Quelle zurückkehren wollen. Wir erkennen, dass es nichts gibt, das uns wirklich zufriedenstellt, außer im Selbst zur Ruhe zu kommen. Genau das passiert, wenn wir schlafen gehen. Egal, wie viel wir wissen, erleben oder besitzen – am Ende des Tages wollen wir nichts davon. Wir wollen einfach alles vergessen und schlafen. Denn was passiert, wenn wir uns schlafen legen? Wir vergessen all das, weil die ständige Beschäftigung mit diesen Dingen auf Dauer sehr ermüdend ist. Doch ganz gleich, wie viel wir schlafen – das Bedürfnis nach Schlaf verschwindet nie ganz. Wir stehen zwar auf, weil andere Aufgaben auf uns warten, aber der Schlaf selbst ist ein Zustand tiefen Glücks. Er gibt uns einen kleinen Einblick in das Selbst – wenn auch verhüllt von der Dunkelheit spiritueller Unwissenheit. Dennoch erfahren wir darin Glückseligkeit, Ruhe und Frieden.

Am Anfang des spirituellen Lebens ist es oft genauso. Unser Mind denkt an alles andere außer an Gott oder das Selbst. Es wird sogar noch schlimmer, wenn wir versuchen zu meditieren. Amma sagt: „Wenn man frisches Wasser in ein Gefäß mit Salzwasser gießt, wird das Salzwasser allmählich verdünnt, bis es ganz verschwindet. Genauso wird auch ein abgelenkter Mind allmählich verwandelt, wenn wir immer wieder den Gedanken an Gott oder unser Mantra hervorholen. Schließlich erreichen wir einen Zustand, in dem nur noch Gott strahlt."

Das erfordert eine Menge Übung, aber es ist nicht unmöglich. Diejenigen, die Selbstverwirklichung erreicht haben, sind diesen Weg gegangen. Die meisten von ihnen wurden nicht als Mahātmās geboren. Sie wurden nicht mit Konzentration geboren. Nur sehr wenige werden so geboren. Hart mussten sie arbeiten. Der Mind ist formbar. Er kann geschult werden, sich zu konzentrieren und sich auf einen Punkt auszurichten. In diesem Zustand kann er die höchste Realität, Brahman, erfahren. Darum geht es in der Spiritualität – den Mind zu schulen.

Amma gibt das Beispiel eines Kokospalmkletterers. Wer schon einmal in Kerala war, weiß, dass es dort Millionen von Kokospalmen gibt, ganze Wälder davon. Aber wie kommt man an die Kokosnüsse? Man muss hinaufklettern. Es gibt keinen anderen Weg. Angenommen, wir werden in eine Familie von Kokospalmkletterern geboren – dann ist es sehr wahrscheinlich, dass wir später auch einer werden. Eines Tages sagt unser Vater: „So, es wird Zeit, dass du lernst, wie man die Palme hochklettert." Also versuchen wir es. Wir schaffen einen Fuß hoch – und rutschen wieder runter. Noch ein Versuch, wieder runter. Wieder ein Versuch und wir sind entmutigt: „Ich komme nie diesen dreißig Fuß hohen Baum hoch! Ich werde etwas anderes – vielleicht Bauer."

Dann sagt unser Vater: „Nein, du musst Kokosplamkletterer werden. Das ist unser Beruf seit Tausenden von Jahren." Also was tun wir? Wir probieren es immer wieder. Das nächste Mal schaffen wir einen Fuß und zwei Zoll, aber rutschen wieder ab. Doch die Vorstellung, dass wir es tun müssen, weil es keinen anderen Weg gibt, treibt uns an. Wir kommen immer höher und höher. Schließlich erreichen wir die Spitze des Baumes und werfen die Kokosnüsse herunter. Es brauchte viel Übung und Durchhaltevermögen, doch wir haben es geschafft!

Genauso müssen auch wir versuchen, den Baum des Minds zu erklimmen und die Spitze zu erreichen, die hier oben am Scheitelpunkt liegt – dorthin, wo sich der tausendblättrige Lotus befindet, in dem Gott in Seligkeit wohnt. Wenn wir es schließlich schaffen, wird alles gut. Bis dahin müssen wir es weiter versuchen und daran glauben, dass es keinen anderen Weg gibt. Es ist wie eine Reise. Wohin? Nach innen, nicht nach außen.

„Im Alter wird der Körper gebrechlich. Der Gang wird unsicher. Die Zähne fallen aus. Das Augenlicht schwindet. Die Taubheit nimmt zu. Der Mund sabbert. Die Verwandten schätzen deine Worte nicht mehr. Die Frau kümmert sich nicht mehr. Sogar die Söhne wenden sich ab und werden feindselig. Oh, das ist das Elend eines alternden Menschen!“

Wir hören das nicht gerne, aber es ist die Wahrheit. Das sind die Tatsachen des Lebens.

„Solange dieser Körper frei von Krankheit und Verfall ist, solange das Alter noch in weiter Ferne liegt, solange die Kräfte der Sinne unangetastet sind und das Leben nicht verfällt, so lange sollten kluge Menschen ihre ganze Kraft auf das Höchste Ziel richten. Denn wenn das Haus in Flammen steht, was nützt es, dann noch einen Brunnen für Wasser zu graben?“

Wenn das Haus brennt, was tun wir dann? Als Erstes holen wir Wasser, um das Feuer zu löschen. Haben wir einen Wasserhahn, drehen wir ihn auf und holen Wasser. Was aber, wenn wir keinen Wasserhahn haben? Wir könnten es an einem Fluss versuchen. Aber wenn auch kein Fluss in der Nähe ist, dann vielleicht ein Brunnen. Und wenn wir aber keinen Brunnen haben? Dann müssten wir anfangen zu graben. Aber es ergibt keinen Sinn, einen Brunnen zu graben, wenn das Haus brennt. Ebenso ergibt es keinen Sinn, erst dann mit ernsthafter spiritueller Praxis zu beginnen, den wandernden Mind zu kontrollieren, wenn unser Körper bereits verfällt. Warum? Weil der Mind dann mit dem Verfall beschäftigt ist. Wie kann er sich konzentrieren? Wie soll er sich auf irgendetwas fokussieren? Deshalb sollten wir, bevor es so weit kommt, all unsere Energie darauf verwenden, unser Selbst zu verwirklichen.

„Wenn der Ruhm verblasst ist, der Reichtum verloren, die Bittsteller enttäuscht fortgegangen, die Freunde sich entfernt, die Diener gegangen und die Jugend vergangen ist – dann bleibt dem Weisen nur noch eins: sich irgendwo in einem Hain im Himalaya niederzulassen, wo die Felsen vom Wasser des Ganges gereinigt werden."

Bhartrihari versucht, uns mit erhabenen Gedanken zu inspirieren. Er hat die Welt schonungslos als das entlarvt, was sie ist. Was nun? Sollen wir traurig oder deprimiert sein? Sollen wir darüber unglücklich sein? Nein. Wir sollten uns fragen: „Was ist die Alternative zu dieser Situation, diesem Zustand?" Er sagt: Wenn wir all das durchlebt haben und die Natur der Welt erkennen, dann denken wir daran, in einem Āśhram oder in einer Hütte in den Himalayas zu leben, am Ufer des Ganga und dort spirituelle Praxis zu machen. Oder zumindest können wir einen heiligen Ort aufsuchen und dort Sadhana machen.

Loslösung – 3

In den letzten zwei Wochen haben wir darüber gesprochen, wie tief wir in Māyā schlafen, ohne es überhaupt zu merken. Bücher wie das Vairāgya Satakam sollen uns aufrütteln und aufwecken, damit wir einen Blick auf die Wahrheit werfen. Von dort aus können wir beginnen, ein spirituelles Leben zu führen und Sādhanā zu praktizieren.

Die Heirat von Nārada Mahaṛiṣhi

Es gibt eine sehr interessante Geschichte über Māyā – darüber, wie man alles vergisst und wie man gar nicht merkt, dass man in Māyā gefangen ist. Wie ein Schritt zum nächsten führt, dann zum nächsten und zum nächsten... immer tiefer hinein. Hoffentlich rufen wir schließlich nach Gott – und beginnen aufzuwachen.

Ihr habt vielleicht schon von Nārada Mahaṛiṣhi gehört. Nārada ist einer der himmlischen Weisen, kein gewöhnlicher Mensch wie wir. Er lebt in feinstofflichen Ebenen der Existenz. Wenn wir den physischen Körper verlassen, – was jedem von uns irgendwann geschieht – dann hören wir nicht auf zu existieren. Wir leben weiter in einer subtileren Welt. Es gibt viele solcher Welten, die Lōkas genannt werden. Nārada lebt in diesen feinstofflichen Welten, doch er kann sich aber auch auf der Erde manifestieren, was er schon oft getan hat. Er gilt als bedeutender Mahātmā, ein großer Weiser.

Eines Tages saß er im Himalaya und machte Tapas. Er meditierte und war tief versunken. Nicht vollständig in Samadhi, aber sehr tief. Als die Götter, besonders Indra, der König der

Götter, ihn sahen, wurden sie ein wenig besorgt. Die Götter sind nämlich keine erleuchteten Wesen, sondern haben einige sehr menschliche Eigenschaften wie Eifersucht und Angst.

Um göttlich zu werden, haben sie in ihren früheren Leben viele gute Taten vollbracht, wie Wohltätigkeit, vedische Rituale und andere Pūjas. Aber ihr Ziel war meist nicht Selbstverwirklichung, sondern weltlicher Erfolg und ein Leben in himmlischen Welten. Damals glaubte man, dass man durch intensive Tapas – durch Entsagung, Gebet, Gelübde und Disziplin – selbst scheinbar Unmögliches erreichen kann. So sind die Götter zu ihrem Status gekommen. Sie sind mächtiger als Menschen, aber sie sind keine Heiligen oder Weisen.

Indra hat eine besondere Eigenschaft: Obwohl er der König der Götter ist, hat er ständig Angst jemand könnte ihm seinen Platz streitig machen. Als er sah, wie Nārada dort saß und Tapas, Japa und Meditation machte, dachte er: „Nārada will meinen Thron. Er will König der Götter werden." Dabei war Nārada das völlig egal, denn er war voller Gottvertrauen. Indra stellt den Tapasvī, den Menschen, die Tapas praktizieren, oft Hindernisse in den Weg und meistens ist es dasselbe Hindernis: Er schickt die himmlischen Tänzerinnen, die Apsaras herab. Aber er hat auch andere Mittel. Ich erzähle euch von einem anderen Beispiel.

Einmal gab es einen Yōgi, der Tapas praktizierte. Wie üblich war Indra verärgert und beschloss, das Tapas des Yōgis zu stören. Dieser Yōgi hatte das Gelübde abgelegt, seine Zunge zu beherrschen – seinen Geschmackssinn – und aß nur getrocknete Blätter, die von den Bäumen fielen.

Da Indra dies wusste, schickte er einen Boten mit einem Korb voller Papadams (dünne, knusprige Chips, ähnlich Kartoffelchips). Jeder mag Papadams, sogar Yōgis! Indras Bote zerbrach die Papadams in kleine Stücke und mischte sie unter die Blätter auf dem Boden.

Als der Yōgi nach seiner Meditation Blätter zum Essen sammelte, bemerkte er, dass diese einen neuen Geschmack hatten. Blätter schmecken normalerweise nicht besonders gut, sie sind eher bitter, aber diese Blätter waren außergewöhnlich lecker. Er aß diese „Blätter“ und wurde immer dicker. Er schlief während der Meditation ein und dachte nur noch daran, wann er wieder diese „leckeren Blätter“ essen konnte. Auf diese Weise zerstörte Indra das Tapas des Yōgis.

Vielleicht ist das nur eine Geschichte, aber solche Dinge passieren auch uns. Wenn wir versuchen, im spirituellen Leben weiterzukommen, weiß ich nicht, ob es Indra ist oder jemand anderes, aber Hindernisse tauchen plötzlich auf, um uns abzulenken.

Nārada und Māyā

Nārada praktizierte also Tapas. Indra beschloss, einige Apsaras herabzuschicken, um ihn aus seiner tiefen Konzentration zu reißen. Sie tanzten und sangen mit ihren Tablas, Mridangams und dem Harmonium. Aber Nārada öffnete die Augen nicht. Sie versuchten ihr Bestes, aber nichts geschah und so wurden sie entmutigt. Also gingen sie zurück und berichteten Indra: „Wir haben versagt.“

Nach einiger Zeit öffnete Nārada seine Augen. Er war in Meditation, aber nicht in Samādhi. Er dachte: „Ich muss wirklich Vollkommenheit erlangt haben, denn ich wurde von den Apsaras nicht beeinflusst.“ Er war ein wenig stolz und beschloss, zum Berg Kailaśh zu gehen, um damit zu prahlen, wie großartig er war. Als er in Śhivas Gegenwart ankam, sagte er: „Śhivaji, hast du gehört? Ich habe Tapas gemacht, Indra schickte mir so viele Tänzerinnen, um mich abzulenken, aber es hat mich nicht im Geringsten gestört. Ich habe nicht einmal die Augen geöffnet, obwohl ich wusste, was vor sich ging.“

Da sagte Śhiva: „Oh, das ist wunderbar! Du bist wirklich ein großer Mahātmā! Du bist perfekt! Hör zu, es ist in Ordnung, dass du es mir erzählst, aber erzähle es nicht Viṣhṇu" (denn Viṣhṇu ist Nāradas Guru und Gott). „Stelle sicher, dass du Viṣhṇu nichts von all dem erzählst."

Natürlich, wenn uns jemand sagt, wir sollen etwas nicht tun, denken wir sofort daran es zu tun. Amma hat einmal eine Geschichte von einem kranken Mann erzählt, der zum Arzt ging und Medizin bekam. Der Arzt sagte ihm: „Wenn du diese Medizin einnimmst, denke nicht an einen Affen, sonst wirkt sie nicht." Sobald der Mann zu Hause war und die Medizin einnahm, dachte er natürlich an einen Affen. Er konnte die Medizin nicht einnehmen. So ist es, wenn uns jemand sagt, wir sollen etwas nicht tun, dann wollen wir es umso mehr.

Nārada ging also sofort zu Viṣhṇu und sagte: „Hast Du die Neuigkeiten gehört? Ich bin vollkommen geworden. Ich bin selbst von den göttlichen Tänzerinnen unberührt."

Viṣhṇu antwortete: „Oh, das ist wunderbar! Ich bin sehr froh, das zu hören, Nārada. Ich wusste, dass du großartig bist – jetzt weiß ich, dass du perfekt bist! Komm, lass uns einen Spaziergang machen."

Sie gingen spazieren. Als sie unterwegs waren, führte Viṣhṇu Nārada in eine Wüste. Es war sehr heiß. Viṣhṇu sagte: „Nārada, ich bin so durstig! Kannst du mir bitte ein Glas Wasser bringen?"

Nārada antwortete: „Oh ja, Bhagavān. Lass mich nur mal in der Nähe suchen." Er verließ Viṣhṇu und als er auf der Suche war, fand er nach einer Weile etwa eine Meile entfernt ein Dorf. Dort sah er eine wunderschöne Frau, die am Brunnen Wasser schöpfte. Nārada sagte: „Ich würde gerne ein Glas Wasser für jemanden holen."

Die Frau antwortete: „Kein Problem. Komm zu mir nach Hause, ich hole ein Glas und gebe dir Wasser."

Nārada ging mit ihr nach Hause. Je mehr er sie ansah und mit ihr sprach, desto mehr schätzte er sie. Schließlich beschloss er, sie zu heiraten. Māyā! Tatsächlich begann es schon vorher, als er stolz auf sich selbst wurde.

Er fragte den Vater der Frau, ob sie heiraten könnten. Der Vater sagte: „Sicher“. Sie heirateten, Nārada ließ sich im Dorf nieder, gründete ein Geschäft, und sie bekamen drei oder vier Kinder. So vergingen etwa sieben oder acht Jahre.

Eines Tages kam ein großer Sturm auf, und der Fluss nahe dem Dorf trat über die Ufer. Das Wasser stieg immer höher und drang auch in Nāradas Haus ein. Seine Frau und die Kinder kletterten aufs Dach, aber das Wasser stieg weiter. Alle machten sich Sorgen. Ein Kind nach dem anderen wurde weggeschwemmt, und dann auch die Frau. Nārada war verzweifelt. Schließlich wurde auch er von den Fluten erfasst und schrie: „Viṣhṇu, Nārāyaṇa, rette mich!“, so laut er konnte.

Bis zu diesem Moment hatte er nicht einmal an Viṣhṇu oder Nārāyaṇa gedacht. Sobald er rief, beruhigten sich die Fluten, das Dorf verschwand, und er stand direkt neben Viṣhṇu in der Wüste.

Viṣhṇu schaute ihn an und sagte: „Nārada, wo ist mein Glas Wasser?“ Acht Jahre waren in den Wirren von Māyā vergangen.

Das ist es also, worum es bei Māyā geht. Wir beginnen bei Gott doch irgendwie landen wir in Māyā. Wir verstricken uns immer tiefer in Māyā, und irgendwann schreien wir zu Gott. In diesem Traum von Māyā geschieht etwas – wir finden ein Schlupfloch oder merken, dass etwas nicht stimmt, und dann wollen wir nicht länger in diesem Traum bleiben. Dann schreien wir zu Gott. Das ist der Anfang vom Ende des Traums. Wir kehren zurück zu Gott.

Das ist möglich, und es geschieht in der Regel durch die Begegnung mit einem Mahātmā. Aus eigenem Antrieb passiert das selten. Der Segen eines Heiligen oder die Begegnung mit einem Heiligen wie Amma oder vielleicht einem Heiligen, den wir nicht einmal sehen können, der seinen Körper schon verlassen hat, kann uns helfen. Manchmal lesen wir ein heiliges Buch, das wir vielleicht schon oft gelesen haben, und plötzlich berührt es uns so tief, dass es unser Leben verändert. Dann verfolgen wir unser spirituelles Leben ernsthaft.

Gaṇēśha, der Kaufmann und der Bettler

Das erinnert mich an eine andere Geschichte. Ich denke, es ist eine wahre Geschichte, obwohl ich das nicht bezeugen kann, weil ich es selbst nicht gesehen, aber davon gehört habe. Einige Touristen waren in Indien unterwegs und besuchten verschiedene Sehenswürdigkeiten. Am Rande einer der Städte, die sie besichtigten, gab es einen Wald. Sie beschlossen hineinzugehen, weil sie dachten, dort könnte ein schöner Ort oder sogar ein Tempel sein. Nach einiger Zeit entdeckten sie tief im Wald einen Sannyāsī, der unter einem Baum saß. Einer von ihnen fragte: „Swāmīji, wir sind Touristen. Kennen Sie hier in der Nähe einen interessanten Ort, den wir besuchen könnten?"

Der Swāmīji antwortete: „Wenn ihr noch ein paar Meilen weitergeht, erreicht ihr ein Dorf. Dort gibt es einen wunderbaren Gaṇēśha-Tempel. Dieser Gaṇēśha ist kein gewöhnlicher. Er ist kein bloßes Steinbild, sondern ein lebendiges Wesen."

Die Touristen sagten: „Ach, Swāmīji, das ist doch Unsinn. Wie kannst du so etwas behaupten?"

Der Swāmīji erwiderte: „Nein, ich weiß es ganz genau. Ich erzähle euch eine Geschichte, die dort passierte. In diesem Dorf gab es zwei Menschen, die Gaṇēśha sehr ergeben waren: einen wohlhabenden Kaufmann und einen blinden Bettler. Der blinde Bettler saß den ganzen Tag vor dem Tempel mit einem Tuch vor sich ausgebreitet in der Hoffnung, ein paar Münzen von den Devotees zu bekommen. Der wohlhabende Kaufmann besuchte den Tempel jeden Morgen, um zu beten: ‚Oh Gaṇēśha, gib mir heute 100.000 Rupien in meinem Geschäft.‘ Am Abend kam er oft sehr erfolgreich zurück, also dankte er Gaṇēśha erneut.

Eines Tages hatte der Bettler jedoch nichts zu essen. Er hatte kein Geld bekommen und seine Familie war am Verhungern. Weinend ging er in den Tempel und sagte zu Gaṇēśha: ‚Gaṇēśha, wie kannst du dein Kind so im Stich lassen? Meine Familie und ich haben nichts zu essen. Wir haben kein Geld. Warum bist du so gleichgültig uns gegenüber? Warum bist du so grausam?‘ Traurig verließ er den Tempel. Zu dieser Zeit ging der Kaufmann gerade hinein, als er Stimmen hörte. Es waren zwei Stimmen, eine männliche und eine weibliche. Die weibliche Stimme sagte: ‚Sohn, warum bist du so gleichgültig gegenüber deinem treuen Devotee? Warum kannst du ihm nicht etwas Gnade erweisen? Er sitzt seit so vielen Jahren hier.‘ Da sagte die männliche Stimme: ‚Du hast Recht, Mutter. Bis morgen Nachmittag werde ich ihn zum Millionär machen.‘

Der arme Bettler hörte das nicht, aber der Kaufmann hörte jedes Wort. Er war listig und auch ziemlich gerissen. Er zählte zwei und zwei zusammen und fand heraus, was vor sich ging. Der Kaufmann verbeugte sich vor Gaṇēśha, kam aus dem Tempel, ging zu dem armen Mann und sagte: ‚Ich gebe dir 100 Rupien, aber unter einer Bedingung: Alles, was du morgen durch dein Betteln bekommst, gibst du mir.‘

Nun, der Bettler wusste, dass er normalerweise nicht mehr als ein paar Pfennige, ein paar Paise, bekommen würde, also sagte er: ‚Das ist ein gutes Geschäft. Du kannst alles haben, was ich morgen bekomme.‘ Er nahm die 100 Rupien, ging und kaufte Essen für seine Familie. Er war sehr glücklich.

Der Kaufmann konnte in der Nacht vor Aufregung kaum schlafen. Er war sicher, am nächsten Tag mindestens eine Million Rupien zu bekommen. Am nächsten Tag kam er um elf Uhr und wartete. Aber niemand legte dem Bettler auch nur eine Münze in die Schale. Er wartete bis Mittag, dann bis 1, 2 Uhr, , aber nichts geschah. Frustriert ging er in den Tempel und begann zu schreien: ‚Was bist du für ein Gott? Ich habe meine 100 Rupien verloren, weil ich an Dich geglaubt habe!‘

Plötzlich spürte er, wie ihn etwas am Hals packte und hochhob. Er sah nach unten. Es war der Rüssel eines Elefanten, der ihn an die Wand drückte. Eine Stimme sagte: ‚Du krummer Kerl. Am besten rufst du jetzt sofort deinen Buchhalter!‘ Der Kaufmann schrie, bis der Buchhalter es irgendwie mitbekam und angerannt kam. Die Stimme befahl: ‚Jetzt sag ihm, er soll dem Bettler eine Million Rupien geben.‘

Also gab der Kaufmann dem Bettler die Million Rupien. Durch die Berührung von Gaṇēśha veränderte sich der Mind des Kaufmanns völlig. Am Abend ging er nach Hause, gab die Hälfte seines Reichtums seiner Familie und verteilte die andere Hälfte an alle armen Menschen, die er kannte. Dann setzte er sich unter einen Baum und begann, spirituelle Übungen zu machen. Er ergab sich Gott und erlangte den höchsten Frieden.“

Die Touristen, die diese Geschichte hörten, sagten: „Swāmīji, das ist eine schöne Geschichte, aber wie können wir glauben, dass so etwas passieren könnte? Dass ein Stein-Gaṇēśha lebendig wird, jemanden am Hals packt und spricht? Hast du diese Person gesehen? Kennst du jemanden, der das gesehen hat? Kannst du uns irgendeinen Beweis liefern?“

Mit einem friedlichen Lächeln, das von seiner inneren Erfahrung zeugte, sagte der Swāmī: „Ich war dieser Kaufmann.“

Bhartrihari fährt fort

So verändert sich jemand durch die Berührung Gottes. Das ist natürlich extrem selten und schwer zu glauben, aber es gibt viele Menschen, die sich durch die Berührung von Amma verändert haben und seitdem ein spirituelles Leben führen. Sobald wir uns verändern und entschließen, dem Ewigen zu folgen, erkennen wir die Welt als vergänglich: Unser Körper, unser Reichtum und unsere Familie vergehen vor unseren Augen, auch wir altern und die sogenannte tiefe Zuneigung und Verbundenheit, die anscheinend jeder dem anderen entgegenbringt, kann sich jeden Moment leicht verflüchtigen. Was tun wir dann als Nächstes? Genau an dieser Stelle hörten wir letzte Woche im Vairāgya Satakam auf. Nachdem Bhartrihari die Illusion der Welt aufgedeckt und uns wachgerüttelt hat, fährt er fort:

„Wenn die Ehre verblasst ist, der Reichtum zerstört, die Bittsteller enttäuscht gegangen sind, die Freunde sich zurückgezogen haben, die Diener verschwunden sind und die Jugend allmählich verblasst – dann bleibt dem Weisen nur noch eines: Zuflucht zu suchen in einem Hain am Hang des Himalayas, wo die Felsen vom Wasser des Ganga gereinigt werden."

Wenn wir an diesem Punkt angekommen sind, wo alle Illusionen abgefallen sind und wir erkennen, dass in dieser Welt nichts von dauerhaftem Wert ist – was tun wir dann? Wir gehen an das Ufer des Ganga in den Himalaya, um Sadhana zu machen, um Gott zu verwirklichen. Genau das hat Bhartrihari getan – das war sein Weg und seine Erfahrung.

„Wunderbar sind die Strahlen des Mondes. Wunderschön die grünen Wiesen am Waldrand. Wunderbar ist die Gesellschaft weiser Menschen. Wunderschön die alten Geschichten und Gedichte. Wunderschön das Gesicht der Geliebten, das in Tränen gespielter Wut glänzt. Alles ist bezaubernd – aber nichts davon bleibt bezaubernd, wenn der Mind von der Vergänglichkeit der Dinge erfasst ist."

All diese Dinge sind so schön – das grüne Gras auf den Hügeln, schöne Poesie, die Gesellschaft guter Menschen, die Strahlen des Mondes, das Gesicht der Geliebten. Doch sobald dein Mind durch Vairāgya von echter innerer Loslösung, berührt wurde - wenn du erkennst, dass alles vergänglich ist - dann verliert all das seinen Reiz.

„Die Wünsche sind aus unserem Herzen gewichen. Auch die Jugend ist aus unserem Körper verschwunden. Unsere Tugenden sind unbemerkt geblieben - keiner hat sie geschätzt. Der mächtige, unerbittliche Tod kommt schnell näher. Was sollen wir tun? Ach, ich! Ich sehe keine andere Zuflucht mehr als die Füße des Zerstörers von Amor (Kama)."

Wer ist der Zerstörer von Kama, des Liebesgottes? Es ist Śhiva. Die Geschichte erzählt, dass die Götter wollten, dass Śhiva ein Kind zeugt, um damit einen Dämon zu besiegen. Deshalb sandten sie Kama, den Gott der Liebe, zu Śhiva, um ihn aus der Meditation zu reißen. Kama schoss einen Blumenpfeil auf ihn. Doch Śhiva öffnete sein drittes Auge - und Kama verbrannte zu Asche. Die tiefere Bedeutung: Nur, wenn dein drittes Auge - das innere Sehen - sich öffnet, nur wenn die Erkenntnis des Selbst erwacht, kann das Begehren völlig überwunden werden. Völlige Überwindung von Lust ist nur in der Gottesverwirklichung möglich. Bhartrihari sagt also: Nur Śhiva - nur Gott - ist mein einziger Zufluchtsort, um Māyā, die Illusion, zu überwinden.

„In friedlicher Haltung sitzend in den Nächten, wenn alle Geräusche zur Stille verstummen, irgendwo an den Ufern des himmlischen Flusses Gaṅgā, der im weißen Schein des hellen, diffusen Mondlichts erstrahlt und voller Angst vor dem Leiden von Geburt und Tod, laut rufend: ‚Śhiva! Śhiva! Śhiva!' Ach, wann werden wir diese Ekstase erleben, die von Tränen der Glückseligkeit begleitet wird?"

Wann werden wir am Ufer des Gaṅgā im Mondschein sitzen und zu Gott voller Hingabe ohne Angst vor den Leiden von Geburt und Tod rufen? Wann werden wir die Glückseligkeit der Verwirklichung Gottes erfahren, wenn die Tränen der Ekstase über unsere Wangen fließen?

„Alle Besitztümer verschenkend, mit einem Herzen voller Mitgefühl, im Blick das Schicksal, das in dieser Welt so traurig endet – und als einzige Zuflucht auf die Füße Śhivas meditierend – oh, mögen wir unsere Nächte im heiligen Wald verbringen, durchflutet vom Licht des herbstlichen Vollmonds."

Das traurige Ende unseres Schicksals ist der Tod.

„Wann werde ich die Tage wie einen Moment erleben, wenn ich am Ufer des Ganga in Varanasi lebe – nur mit einem Tuch bekleidet, mit gefalteten Händen an der Stirn, rufend: Oh Gaurinatha, Herr von Gauri! Tripurahara, Bezwinger der Tripura! Shambho, Spender von allem Guten! Trinayana, Dreiäugiger – hab Mitgefühl mit mir!"

Wann wird der Tag kommen, an dem ich in Kashi am Ufer des Gaṅgā leben und den Herrn anrufen kann?

„Diejenigen, die nur ihre Hand zum Essen benutzen, zufrieden sind mit dem, was sie durch Betteln erhalten, sich überall niederlassen können, kein Haus, kein Bett brauchen, die das ganze Universum wie ein Grashalm betrachten, die – noch bevor sie den Körper verlassen – die ununterbrochene höchste Glückseligkeit erfahren. Jener Weg, der selbst Yogis schwer zugänglich scheint, wird durch Śhivas Gnade für sie ganz leicht erreichbar."

Einige Sannyāsīs besitzen nicht einmal eine Bettelschale. Sie gehen nur zu einem Haus und halten ihre Hand für Almosen hin.

„Oh Mutter Lakṣhmī, Göttin des Reichtums, bitte diene jemand anderem. Verlange nicht nach mir. Diejenigen, die nach Genuss streben, sind Deine Gefolgsleute, aber was bist du für uns, die frei von Wünschen sind?"

Alle Menschen in dieser Welt – außer den Sannyāsīs – beten zu Lakṣhmī, weil sie sich Reichtum, Wohlstand, Sicherheit und

Vergnügen wünschen. Aber Sannyāsīs haben keine materiellen Wünsche; sie suchen etwas anderes als weltliches Glück oder weltliches Vergnügen. Sie wollen die Glückseligkeit der Gottverwirklichung. Darum sagen sie: Lakṣhmī, geh zu denen, die dich rufen – ich suche etwas anderes.

„Die Erde ist sein Bett, die Arme sein Kopfkissen. Der Himmel ist sein Dach, die Brise sein Fächer und der Mond seine Lampe. In der Gesellschaft der Entsagung - seiner Frau - liegt er, der Weise glücklich und friedlich da, wie ein König von unvergänglicher Pracht."

Was für ein schönes Bild! Für einen Mahātmā ist Mutter Natur sein Ein und Alles. Die Brise ist sein Fächer, der Mond seine Lampe. Die Losgelöstheit oder Entsagung ist seine Frau, und er legt sich wie ein König in großer Pracht auf die Erde, sein Bett.

„Wird jener glückselige Tag auch mir geschenkt – an dem ich am Ufer des Gaṅgā, im Lotussitz auf einem Felsen im Himalaya sitzend durch stetige Meditation über Brahman in Samādhi falle und selbst die Antilopen ohne Angst mich für einen Baum halten und sich an meinem Körper reiben?"

Werde ich jemals so in Gott versunken sein, dass selbst die Tiere keinen Unterschied mehr zwischen mir und der Natur sehen?"

Dies ist der letzte Vers:

„Oh Erde, meine Mutter, oh Wind, mein Vater, oh Feuer, mein Freund, oh Wasser, mein Verwandter, oh Himmel, mein Bruder - nehmt meinen letzten Gruß mit gefalteten Händen entgegen. Durch reines Wissen, genährt durch eure Nähe und voller innerer Klarheit, habe ich die wunderbare Kraft der Maya überwunden. Jetzt verschmelze ich mit der höchsten Wirklichkeit – dem Brahman."

Mit dem Segen des Universums, der Überwindung der göttlichen Kraft Māyā und durch Selbstverwirklichung verneige ich mich vor euch allen und gehe in das Ewige, den absoluten Brahman, ein.

Bhajan als Sādhanā

„In der Dämmerung ist die Atmosphäre voller unreiner Schwingungen. Dies ist die Zeit, in der Tag und Nacht aufeinandertreffen und die beste Zeit für Sādhaks, um zu meditieren, weil man dann eine gute Konzentration erlangen kann."

Was meint Amma, wenn sie sagt, dass die Atmosphäre während der Dämmerung unreiner wird? Überall dort, wo Menschen sind, strömen ihre negativen, adharmischen Gedanken und Gefühle wie Ärger, Eifersucht, Geiz, Rache, Selbstsucht und Ähnliches aus ihrem Mind und bleiben in der Atmosphäre. Das Gleiche gilt auch für ihre guten oder dharmischen Gedanken. Leider sind die meisten Minds von selbstsüchtigen Gedanken erfüllt. Das könnte einer der Gründe sein, warum die alten Weisen in Wäldern lebten und nicht in Dörfern oder Städten. Wälder gelten als sattvisch, Dörfer als rajasisch und Städte als tamasisch (rein, aktiv, träge).

Die Natur hat drei Aspekte. Der erste ist Sattva. Sattva bedeutet ruhig, friedlich, gelassen. Stell dir einen See vor, dessen Wasser ganz still ist oder die Aussicht von einem Berggipfel über eine weite Landschaft. Wie fühlt sich dein Mind dabei an? Das ist ein sattvisches Gefühl.

Dann gibt es Rajas. Rajas steht für Aktivität, Unruhe, Ehrgeiz, Hitze. Die Farbe dafür ist rot. Die Farbe für Sattva ist weiß.

Und schließlich Tamas. Tamas ist Trägheit, Dumpfheit, Fehler, Irrtum, Schlaf, Faulheit, Gleichgültigkeit, Sturheit. Die Farbe von Tamas ist schwarz. Es ist träge.

In der Bhagavad Gītā teilt Krishna die Menschheit in zwei Kategorien ein: göttlich und dämonisch.

Der Gesegnete Herr sprach:

1. Furchtlosigkeit, Reinheit des Herzens, Beständigkeit im Wissen und Yōga; Wohltätigkeit, Selbstdisziplin und Verehrung, Studium der heiligen Schriften, Entsagung, Aufrichtigkeit;

2. Gewaltlosigkeit, Wahrhaftigkeit, Abwesenheit von Zorn, Entsagung, Gelassenheit, kein Verleumden, Mitgefühl für alle Lebewesen, Genügsamkeit, Sanftmut, Bescheidenheit und innere Ruhe –

3. Stärke, Vergebung, Tapferkeit, Reinheit, Abwesenheit von Hass und von Stolz all das gehört zu dem, der mit einer göttlichen Natur geboren ist, oh Bharata.

4. Überheblichkeit, Stolz und Eingebildetheit, Wut, sowie Rücksichtslosigkeit und Unwissenheit kennzeichnen einen Menschen mit dämonischer Natur, oh Pārtha.

5. Die göttliche Natur ist für die Befreiung bestimmt, die dämonische für die Knechtschaft. Sorge dich nicht, oh Pāṇḍava, – du bist mit göttlicher Natur geboren.

6. Es gibt zwei Arten von Wesen in dieser Welt: die göttlichen und die dämonischen Wesen. Die Göttlichen wurden ausführlich beschrieben. Höre nun von mir, oh Pārtha, über die Dämonischen.

7. Menschen mit dämonischer Natur wissen nicht, was getan und was unterlassen werden muss; Reinheit, gutes Verhalten und Wahrheit sind ihnen fremd.

8. Sie sagen: „Das Universum ist ohne Wahrheit, ohne Grundlage, ohne Herrn, geboren aus Vereinigung, hervorgebracht durch Lust; was sonst?“

9. Wer so denkt, dessen Mind ist zerstört, sein Verstand klein, seine Taten grausam. Sie stehen der Welt feindlich gegenüber – um sie zu zerstören.

10. Von unersättlicher Gier erfüllt, voller Heuchelei, Stolz und Hochmut, irregeführt durch falsche Vorstellungen, handeln sie mit unreinen Absichten.

11. Sie sind von unzähligen Sorgen geplagt, die erst mit dem Tod enden. Sinnesfreuden sind ihr höchstes Ziel und sie glauben, dass dies alles sei.

12. Gebunden von Hunderten von Banden der Hoffnung, der Lust und dem Zorn ergeben, bemühen sie sich mit unlauteren Mitteln, Reichtum zu erlangen – nur für sinnlichen Genuss.

13. Dies habe ich heute verdient; diesen Wunsch werde ich mir bald erfüllen; dies ist mein, und in Zukunft wird auch dieser Reichtum mir gehören.

14. Diesen Feind habe ich besiegt, und auch andere werde ich besiegen. Ich bin der Herr, ich genieße, ich bin erfolgreich, stark und gesund.

15. „Ich bin reich und wohlhabend. Wer ist mir ebenbürtig? Ich werde opfern, ich werde spenden, ich werde jubeln." So sprechen sie, betört von Unwissenheit.

16. Gefangen in vielen Hirngespinsten, verstrickt im Netz der Täuschung, verfallen sie dem Vergnügen – und stürzen in höllische Zustände.

17. Selbstverliebt, eigensinnig, geblendet durch Stolz und Reichtum, führen sie äußerliche Rituale durch – voller Heuchelei, ohne Achtung vor göttlichem Gesetz.

18. Diese böswilligen Menschen, die dem Egoismus, der Macht, dem Hochmut, der Lust und dem Zorn verfallen sind, hassen mich sowohl in ihren eigenen Körpern als auch in den Körpern anderer.

19. Diese grausamen Hasser, die Übelsten unter den Menschen, diese Übeltäter stoße ich für immer in den Schoß von Dämonen.

20. Wieder und wieder werden sie in dämonischen Leben geboren, verstrickt in Täuschung, und sie erreichen Mich nie. So sinken sie tiefer und tiefer, oh Sohn der Kunti.

21. Dreifach ist das Tor zu dieser zerstörenden Hölle: Lust, Zorn und Gier. Deshalb sollte man diese drei aufgeben.

16. Kapitel, Verse 1–21

Diese Liste menschlicher Eigenschaften ist sehr umfassend. Einer der Gründe, diese zu hören, ist, dass wir erkennen, welch dämonischen Eigenschaften wir noch in uns tragen und welch göttlichen Eigenschaften uns fehlen. Der Mind ist nicht etwas, das in Stein gemeißelt ist. Er ist dynamisch und verändert sich ständig durch unsere Gedanken, Worte und Taten. Deshalb können und sollen wir danach streben, uns den göttlichen Eigenschaften zuzuwenden und die negativen abzulegen. Auch wenn Amma das nicht immer so direkt anspricht, macht sie doch immer wieder deutlich, wie wichtig es ist, den Mind durch Sādhanā und gutes Verhalten von Negativität zu reinigen.

All die feinstofflichen Einflüsse in der Atmosphäre führen dazu, dass sie am Ende des Tages so unrein ist. All diese Gedanken beeinflussen uns stark. Mahatmas sind sehr empfindsam gegenüber Gedanken und Schwingungen in ihrer Umgebung. Sie spüren die Kraft von Gedanken – ob gut oder schlecht. Im Bhagavatam heißt es, dass Weise heilige Orte bereisen, um diese durch ihre göttliche Präsenz zu reinigen. Da Gott in ihren Herzen leuchtet, sind sie die größten Reiniger der Erde. Amma sagt manchmal scherzhaft, dass sie wie ein Staubsauger für Seelen ist.

Trotz der feinstofflichen Verschmutzung ist die Dämmerung die beste Zeit für spirituelle Praxis. Vielleicht liegt das daran, dass sich die Natur zurückzieht, der Nacht Platz macht - es ist eine Zeit der Stille und des Friedens. Wir dürfen nicht vergessen, dass wir Teil der Natur sind und ihre Veränderungen spüren können, wenn wir aufmerksam sind. Menschen, die das deutlich wahrnehmen, sagen, dass dies die beste Zeit für Meditation ist.

Der frühe Morgen und der Abend – kurz nach Sonnenaufgang und kurz nach Sonnenuntergang – sind besonders sensible Zeiten für den Mind. Die Tradition sagt: Was man in diesen Zeiten tut, hinterlässt einen tiefen Eindruck in den Vāsanās im Mind. Daher sollte man sich nicht mit weltlichen, rajasischen oder tamasischen Aktivitäten wie Essen und Schlafen beschäftigen, da dies die Neigung verstärkt, diese Dinge immer wieder zu tun. Wer stattdessen spirituelle, sattvischee Handlungen ausübt, stärkt seine göttliche Natur.

Im Bhagavatam gibt es eine Geschichte, die genau dieses Prinzip verdeutlicht. Diti, die Mutter der Asuras (Dämonen), wollte mit ihrem Mann, dem Weisen Kashyapa, zusammen sein. Da er gerade sein tägliches Gebet verrichtete und es bereits Abend war, sagte er ihr, sie solle noch eine Weile warten. Leider konnte sie ihre Leidenschaft nicht zügeln und drängte ihn zur Tat. Aufgrund dessen gebar sie später zwei Asura-Brüder, Hiranyaksha und Hiranyakashipu, zwei mächtige Asuras, die später von Sri Viṣhṇu getötet wurden. Die Moral der Geschichte ist klar: Wenn man sattvische Kinder will, sollte man abends keinen Geschlechtsverkehr haben.

Amma sagt hierzu: „Wenn kein Sādhanā (spirituelle Praxis) durchgeführt wird, tauchen vermehrt weltliche Gedanken auf. Deshalb sollte man bei Einbruch der Dämmerung lautstark Bhajans (religiöse Lieder) singen. Auf diese Weise wird auch die Atmosphäre gereinigt."

In dieser Zeit wird unsere Grundveranlagung stärker. Wer vor allem spirituell ist, wird sich dann noch mehr zur Spiritualität hingezogen fühlen. Die Neigung, zu meditieren, zu beten oder Bhajans zu singen, wird stärker. Weltlich gesinnte Menschen dagegen fühlen sich in dieser Zeit stärker zu Vergnügen, Ablenkung, Schlaf und Ähnlichem hingezogen. Wer diesen Impulsen nachgibt, verstärkt sie. Amma sagt: Ein Sādhak sollte die Zeit gut nutzen und gegen die negativen Einflüsse ankämpfen.

Die meisten von uns nehmen diese Dinge gar nicht wahr. Wir stehen morgens auf, gehen ins Bad, frühstücken, gehen zur Arbeit, kommen zurück, erledigen andere Dinge und gehen schlafen. So sieht das Leben der meisten Menschen aus. Doch ein Sādhak lebt anders. Er muss sehr aufmerksam sein, was außen passiert und was in seinem eigenen Mind vorgeht. Ammas Worte richten sich an Menschen, die achtsam werden wollen und alles für ihren spirituellen Fortschritt nutzen möchten.

Bhajan singen ist ein rajasisches Sādhanā. Es ist eine Praxis mit viel Aktivität. Wir setzen unseren Körper, unsere Stimme, unseren Mind und unsere Gefühle ein. Es geht nicht darum, ruhig und still zu werden. Vielmehr versuchen wir, unser ganzes Wesen auf einen Punkt zu fokussieren, auf Gott.

Bhajan ist kein sattvisches Sādhanā, weil es so aktiv ist. Amma sagt, dass genau diese Art von Sādhanā notwendig ist, um gegen die negativen Einflüsse der Abendzeit anzukämpfen. Manchmal ist es gut, Feuer mit Feuer zu bekämpfen und dies ist ein Beispiel dafür.

„Kinder, wenn ihr euch konzentrieren wollt", ist Bhajan singen besser als Meditation, da die Atmosphäre im Kali Yuga voller Geräusche ist.

Wenn du nur kurz innehältst und hinhörst, wirst du merken, wie viele Geräusche es gibt: ein Flugzeug am Himmel, ein weinendes Kind, eine Kuh, die muht, eine Tür, die irgendwo geöffnet und geschlossen wird, Vögel, die zwitschern – und vieles mehr. Das alles lässt sich nicht vermeiden. Wenn der Mind noch nicht stark und konzentriert ist, wird jeder kleine Ton zu einer Störung bei der Meditation. Amma sagt deshalb: Wir müssen nicht gegen die Geräusche kämpfen – wir können sie einfach mit Bhajans übertönen.

Es gab einmal vor längerer Zeit eine lustige Begebenheit in Amritapuri. Die Āśhram-Bewohner saßen abends zusammen, als die Nachbarn – nur etwa fünfzehn Meter entfernt – plötzlich laut zu streiten begannen. Wobei „streiten" untertrieben ist – es war ein regelrechter Krieg! Sie schrien, brüllten, warfen Dinge herum – wir konnten es kaum fassen. So lautstark hat wohl noch niemand einen Streit erlebt, es war wirklich eine regelrechte Schlacht. Und zu dieser Zeit kamen viele Menschen, um Ammas Darśhan zu erhalten. Wisst ihr, was sie uns gesagt hat? Wir hatten ein kleines Soundsystem; es war kein Hightech-Soundsystem. Tatsächlich war es ziemlich schlecht. Sie sagte: „Dreht es voll auf." Also legten wir eine Bhajan-Kassette ein und drehten die Lautstärke so laut auf, dass man kaum noch verstehen konnte, was auf dem Band war! Aber zumindest konnten wir auch nicht mehr hören, was bei den Nachbarn vor sich ging. Wir hörten nichts außer Lärm!

Wenn ich diesen Vers lese, fällt mir dieses Prinzip von Amma wieder ein: Man kann Lärm auch mit noch mehr Lärm übertönen. Das ist einer der Gründe, warum wir Bhajans singen. Wahrscheinlich denken wir gar nicht daran, aber es wirkt trotzdem. Wenn wir versuchen zu meditieren, stört uns oft jedes kleine Geräusch. Doch beim Bhajan sind äußere Geräusche keine Ablenkung mehr – sie spielen für unsere Konzentration keine Rolle. Der eigentliche Grund, warum wir Bhajan singen, ist, dass unser Herz dabei aufgeht. In solchen Momenten erleben wir oft eine tiefere Konzentration als sonst. Darum ist Bhajan singen eine so wirkungsvolle spirituelle Praxis, ein sehr effektives Sādhanā.

„Für die Meditation ist eine ruhige Umgebung notwendig. Deshalb sind Bhajans effektiver, um Konzentration zu entwickeln. Durch lautes Singen werden andere ablenkende Geräusche übertönt und so kann man sich besser konzentrieren. Nach der Konzentration kommt die Meditation. Bhajans, Konzentration, Meditation – das ist die Reihenfolge. Kinder, ständiges Erinnern an Gott ist Meditation."

Was meint Amma, wenn sie vom Kali Yuga spricht? Am Anfang des Verses sagte sie: „Im Kali Yuga gibt es so viele Geräusche." Im indischen Denken ist das Kali Yuga eine bestimmte Zeitperiode – so wie es ein goldenes, silbernes, kupfernes und eisernes Zeitalter gibt, jedes mit eigenen Eigenschaften. Das Kali Yuga ist das Zeitalter des Streits und der Unruhe – eine lange Phase, in der das Materielle dominiert.

Schon vor Tausenden von Jahren, noch bevor das Kali Yuga überhaupt begonnen hatte, schrieb der Weise Vyasa Maharshi eine Beschreibung dieser Zeit – eine Vorausschau auf die Zukunft. Damals lebten die Menschen noch stark im Einklang mit dem Dharma – sie folgten ihrer Pflicht, strebten nach Gotteserkenntnis und führten ein einfaches, tugendhaftes Leben. Umso erstaunlicher, wie genau seine Vorhersagen waren.

Er spricht über den Lauf der Zeit und sagt über das Kali Yuga: „Von da an werden durch die Kraft der allmächtigen Zeit Tag für Tag Rechtschaffenheit, Reinheit von Mind und Körper, Vergebung, Mitgefühl, Lebensdauer, körperliche Stärke und Gedächtnisschärfe abnehmen. Im Kali Yuga wird allein

Reichtum der Maßstab für Moral und Verdienst gelten. Macht allein wird darüber bestimmen, was als Recht gilt. Ehepartner werden nur nach persönlichem Geschmack gewählt und Betrug wird zur Grundlage geschäftlicher Entscheidungen.

„Gerechtigkeit wird leicht durch Bestechung verdorben, weil es nicht möglich ist, die Richter zufriedenzustellen. Wer arm ist, gilt als gottlos und Heuchelei wird für Güte gehalten. Langes Haar wird als Schönheitsmerkmal gelten. Der Sinn des Lebens wird nur noch darin bestehen, den eigenen Bauch zu füllen. Geschicklichkeit wird darin bestehen, die eigene Familie zu ernähren. Tugendhafte Taten werden nur noch zur Erlangung von Ruhm ausgeführt. Und wenn die Erde von schlechten Menschen beherrscht wird, wird der Mächtigste zum Herrscher."

„Menschen werden von habgierigen, grausamen Herrschern wie von Räubern ausgeraubt. Sie ziehen sich in Berge und Wälder zurück und leben von Blättern, Wurzeln, Honig, Früchten und Blumen. Schon durch Hunger und Steuern geschwächt, sterben sie an Dürre, Kälte, Stürmen, Hitze, Regen, Schnee oder gegenseitigem Hass. Im Kali Yuga werden die Menschen an Hunger, Krankheit, Sorge und Angst leiden – und ihr Höchstalter wird nur noch 20 bis 30 Jahre betragen."

Natürlich beschreibt er hier nicht die jetzige Zeit, sondern den Verlauf des Kali Yuga bis zu seinem Ende. Es wird immer schlimmer werden. Am Ende werden die Menschen nur noch zwanzig oder dreißig Jahre lang leben.

„Wenn durch die bösen Einflüsse des Kali Yuga die Körper der Menschen kleiner und abgemagert werden, geht der rechtschaffene Weg, der von den Vēden vorgeschrieben ist, verloren. Religion wird weitgehend durch Irrlehren ersetzt und die Herrscher entpuppen sich meist als Diebe. Menschen wenden sich Tätigkeiten wie Diebstahl und mutwilliger Zerstörung von Leben zu. Kühe werden so klein wie Ziegen und geben entsprechend wenig Milch. Einjährige Pflanzen verkümmern im Wachstum und Bäume werden kleiner. Die Wolken enden meist in Blitzen, anstatt Regen zu bringen. Und die Behausungen werden wüst und trostlos wirken, weil es an Gastfreundschaft gegenüber Fremden fehlt."

Das ist interessant. Habt ihr schon einmal ein Haus betreten, das so trostlos war, dass ihr nicht dortbleiben wolltet, obwohl Menschen darin lebten? Der Grund dafür sind schlechte Schwingungen, oft durch den Geiz der Bewohner verursacht. Sie bieten den Besuchern keine Gastfreundschaft und wollen sie so schnell wie möglich loswerden, um nichts abgeben zu müssen. Oder vielleicht streiten sie sich ständig, was ebenfalls zu negativen Schwingungen führt. Auch wenn wir den Grund nicht kennen, spüren wir die Wirkung. Genauso ist es, wenn du ein Haus betrittst, in dem die Leute regelmäßig Bhajans singen, meditieren und abends Satsang halten – dort wirst du ebenfalls Frieden spüren.

„Auf diese Weise wird, am Ende des Kali Yuga, wenn die Zeit für die Menschen unerträglich geworden ist, der Herr zum Schutz der Rechtschaffenheit erscheinen."

Am Ende des Kali Yuga, so heißt es, wird Viṣhṇu in Gestalt eines Avatārs erscheinen, ähnlich wie er als Krishna und Rāma kam. Er wird in der Gestalt von Kali wiederkommen und die Welt verändern. Dann beginnt wieder das goldene Zeitalter, aber das wird noch lange dauern – etwa 432.000 Jahre. Von allen Yugas, von allen Zeitaltern, ist Kali das kürzeste. Unser Zeitgefühl ist nicht dasselbe wie Gottes Zeitgefühl. Gottes Zeit ist wie die Zeit von Mutter Natur. Wir pflanzen einen Samen und schauen nach einer Stunde nach, ob er schon wächst – aber die Natur braucht Monate oder Jahre, bis etwas reift. Es kann zwanzig Jahre dauern, bis ein Baum Früchte trägt. So ist es auch mit den Yugas: riesige Zeiträume aus menschlicher Sicht

„Wenn Bhajans ohne Konzentration gesungen werden, ist es nur Energieverschwendung. Werden sie jedoch mit voller

Hingabe gesungen, sind sie für den Sänger, den Zuhörer und auch für die Natur von Nutzen. Diese Lieder werden dazu beitragen, den Mind der Zuhörer zu gegebener Zeit zu wecken."

Das ist wichtig, denn Bhajans sind ein wesentlicher Bestandteil des Sādhanās im Leben von Amma und ihren Devotees. Wir sollten sie mit voller Konzentration singen. Wenn wir singen, sollten wir bewusst versuchen, unseren Mind auf einen Punkt zu konzentrieren. Dieser Punkt kann alles Mögliche sein. Er kann sich zwischen unseren Augen befinden, eine Form, ein Gefühl, ein Licht oder irgendetwas anderes sein, auf das ihr euch konzentrieren möchtet. Aber wir sollten versuchen, unseren Mind auf diesen Punkt zu richten und mit all unserem Gefühl in diesen Punkt einzutauchen und ihn als die höchste Wahrheit zu begreifen. Wenn jemand Bhajans auf diese Weise singt, oder wenn wir von den Bhajans anderer berührt werden, dann ist das ein Zeichen dafür, dass diese Person mit großer Konzentration singt. Es hat nichts mit der Qualität oder dem Klang der Stimme zu tun. Wenn jemand in der Lage ist, mit seinem Gesang andere Menschen spirituell zu erwecken, liegt das daran, dass sein Mind so sehr auf einen Punkt ausgerichtet ist.

Akbar und Tansen

Im 16. Jahrhundert gab es einen großen indischen Musiker namens Tansen. Er war der Hofmusiker des Kaisers Akbar. Im Gegensatz zu einigen anderen Mogulherrschern seiner Zeit war Akbar kein Fanatiker. Er war ein aufgeschlossener König und förderte alle Künste und Religionen. Tansens Musik war fantastisch. Es gab nie einen Musiker, der so großartig war wie Tansen. Deshalb wurde er als einer der „Juwelen" am Hof Akbars angesehen.

Eines Tages dachte Akbar: „Wenn Tansen so außergewöhnlich ist, wie muss dann erst sein Guru sein? Ich möchte seinen Guru unbedingt einmal singen hören."

Er sagte zu Tansen: „Ich möchte deinen Guru einmal singen hören." Was sollte Tansen sagen? Er konnte nicht ablehnen, schließlich war er ein Angestellter. Also sagte er: „In Ordnung, Maharaj." Daraufhin machten sie sich auf den Weg nach Brindavan, um seinen Guru Haridas Swāmī zu besuchen, der dort lebte. Brindavan ist nicht weit von Delhi entfernt. Es ist ein heiliger Ort in Indien, so wie Jerusalem im Westen ein heiliger Ort ist. Hier wurde Krishna geboren und verbrachte viele Jahre seines Lebens. Es gibt viele Āśhrams in Brindavan. So gingen sie zum Āśhram von Haridas Swāmī. Auch heute kann man diesen Āśhram besuchen und sein Grabmal, seinen Samādhi sehen. Es herrscht dort eine heilige Atmosphäre und tiefer Frieden in dieser Umgebung.

Akbar hatte sich als einfacher Mann verkleidet. Sie betraten den Āśhram und verneigten sich vor dem Swāmī. Haridas sah Akbar an und sagte: „Oh, der Kaiser ist gekommen." Er hatte sofort durch seine göttliche Einsicht erkannt, wer Akbar war. Akbar gab Tansen immer wieder Zeichen, den Guru zu bitten, ein Lied zu singen. Natürlich ist es nicht angemessen, einen Mahātmā zu bitten, Lieder zu singen. Tansen war jedoch sehr klug. Was tat er also? Er sang ein Lied, das Haridas ihm beigebracht hatte, machte aber einige Fehler. Also sang Haridas das gleiche Lied korrekt, um ihm zu zeigen, wie man es singt. Als Akbar dieses Lied hörte, geriet er in Ekstase.

Die beiden verabschiedeten sich von Haridas und kehrten nach Delhi zurück. Akbar dachte die ganze Zeit über das Glücksgefühl nach, das er erlebt hatte. Am nächsten Tag rief er Tansen zu sich und sagte: „Tansen, ich kann die Glückseligkeit, die ich gestern erlebt habe, nicht vergessen. Ich möchte, dass du dieses Lied noch einmal für mich singst." Tansen sang das gleiche Lied, und Akbar saß nur mit ernstem Gesichtsausdruck da. Als das Lied zu Ende war, sagte Akbar: „Ich fühle nichts. Was ist das Problem? Es war doch dasselbe Lied."

Tansen sagte: „Maharaj, wenn Ihr Euch nicht über mich ärgert, werde ich euch sagen, was das Problem ist."

„In Ordnung, sag mir, was es ist."

„Mein Guru hat gesungen, um Gott zu gefallen. Ich singe, um euch zu erfreuen."

Für Gott zu singen, ist etwas ganz anderes als Singen um einem Publikum zu gefallen. Beide Arten zu singen mögen schön klingen, aber es ist ganz und gar nicht vergleichbar. Der Unterschied ist wie Tag und Nacht.

Wenn wir Bhajans singen, sollte das unser Ziel sein. Wir sollten uns so sehr konzentrieren, dass wir in Gott versinken und jeder um uns herum wird diese Liebe und Hingabe in seinem Herzen spüren.

Essen und Sādhanā - 1

„Ohne auf den Geschmack der Zunge zu verzichten, kann man den Geschmack des Herzens nicht genießen."

Dies ist ein sehr mystischer Ausdruck, wie viele von Ammas Äußerungen. Essen ist sehr wichtig. Das Leben hängt von der Nahrung ab. Wenn wir uns das Tierreich ansehen, verbringen die meisten Tiere den Großteil ihres Lebens mit der Suche nach Nahrung, den Rest mit Schlafen, Paaren und der Aufzucht ihrer Jungen. Auch wir Menschen arbeiten hauptsächlich, um Essen zu verdienen und in zweiter Linie, um ein Haus und andere Annehmlichkeiten zu haben. Der Hauptzweck von Geld ist, durch Nahrung am Leben zu bleiben. Viele Menschen verbringen Stunden damit, zu kochen, aufzuräumen und Lebensmittel einzukaufen. Essen wird als eine Manifestation Gottes betrachtet. In den Upaniṣhaden heißt es: „Nahrung ist Brahman." Aber Amma sagt, obwohl nahrhaftes Essen wichtig ist, der Geschmack nicht das Wichtigste ist; er ist nicht so wichtig wie das Essen selbst. Das Zitat oben handelt vom Geschmack, nicht vom Essen.

Der Mensch ist nicht nur ein physischer Körper, der durch Nahrung überlebt. Er hat fünf „Körper", die im Sanskrit Koshas genannt werden. So wie eine Zwiebel Ringe um ihr Zentrum, den Ātman oder das „Ich" hat, ist unser wahres Selbst, die Seele, von fünf Schichten oder Koshas umgeben.

Die äußerste Schicht ist der grobstoffliche, physische Körper, der aus Nahrung besteht, genannt Annamaya Kosha – der Körper aus Annam oder Nahrung. Innerhalb dieser Schicht liegt Prāṇamaya Kosha, die Hülle aus Lebensenergie oder Prāṇa.

Danach folgt Manomaya Kosha, der Teil von uns, der ständig denkt, fühlt und wahrnimmt – mit anderen Worten, der Mind. Wenn der Mind benutzt wird, um zu unterscheiden, zu verstehen und Entscheidungen zu treffen, spricht man von Vijnanamaya Kosha oder dem Intellekt. Wenn wir Glück empfinden, kommt dieses Glück nicht von äußeren Objekten, sondern von Anandamaya Kosha, dem Körper der Glückseligkeit. Im tiefen Schlaf ohne Träume ist der glückselige Zustand auf den Kontakt mit Anandamaya Kosha zurückzuführen.

Doch das innerste Wesen, das Subjekt innerhalb all dieser Schichten ist das „Ich", Ātman. Wenn Ātman den Körper verlässt, bleibt der physische Körper zurück, und die Lebenskraft sowie der Mind ziehen weiter, um den nächsten Körper zu besetzen. Unglücklicherweise verwechseln wir wegen der Nähe zu diesen fünf Koshas oft unser wahres „Ich".

Amma sagt, dass der physische Körper, der aus Nahrung besteht, nicht das Wichtigste im Leben ist. Das Wichtigste ist, wer wir wirklich sind – das „Ich", Ātman. Doch unser Sinnesleben hält unsere Aufmerksamkeit fast die ganze Zeit über beschäftigt.

Deshalb sind wir uns der Wahrheit über die unsterbliche Glückseligkeit unseres eigenen Selbst, des Ātmans, nicht bewusst. Unser Mind ist ständig auf die äußere Welt gerichtet. Solange wir uns nicht bis zu einem gewissen Grad von den Sinnen zurückziehen, können wir den Geschmack unseres wahren Selbst nicht erleben, weil wir völlig in die äußeren Dinge verstrickt sind.

Einige Menschen erreichen in ihrer spirituellen Entwicklung den Punkt, an dem sie die Leere und Sinnlosigkeit der äußeren Welt erkennen. Sie finden keine Erfüllung mehr in dem, was draußen ist und beginnen, nach innen zu schauen. In dieser Phase kann es sein, dass sie durch die Nähe zu jemandem wie Amma etwas erfahren. Was genau erfahren sie? Was berührt sie so tief? Wenn Menschen von Ammas Umarmung aufstehen, ist der Ausdruck von Glückseligkeit auf ihrem Gesicht auf etwas zurückzuführen, was sie gerade erlebt haben. Sie haben einen flüchtigen Blick auf etwas Tiefes erhascht.

Wenn man in diesem Moment zu ihnen gehen und fragen würde: „Kannst du mir sagen, wie spät es ist?", würden sie vielleicht gar nicht reagieren. Sie wollen nicht wieder nach draußen schauen. Auch wenn ihr Leben sich sonst fast nur im Außen abspielt – in diesem Moment zieht sich ihr Mind ganz nach innen zurück. Sie schmecken den Frieden und die Glückseligkeit, die durch Ammas Gegenwart erfahrbar wird. Auch während eines intensiven Bhajans, wenn dich jemand anstößt und fragt: „Wollen wir rausgehen und uns unterhalten?", würdest du wahrscheinlich gar nicht reagieren. Warum? Weil dein Mind dann über den Körper hinausgeht, über die Lebenskraft, über das Denken und den Intellekt hinaus geht. Er berührt das Selbst – er kommt dem inneren Wesenskern nahe. Wenn wir das einmal erleben, empfinden wir das äußere Sinnesleben eher als störend. Der innere Frieden wird durch die Gnade einer Mahatma erfahrbar – aber auch durch ein gewisses Maß an Sinnesbeherrschung und Meditation.

Wenn wir immer nur nach außen schauen, können wir die Glückseligkeit im Inneren nicht wahrnehmen. Amma sagt, dass die Glückseligkeit im Herzen ist – nicht im physischen Herzen, sondern im Kern unseres Seins, dort wo Ātman wohnt. Es gibt ein Sprichwort: „Wo Rāma ist, gibt es kein Kāma und wo Kāma ist, gibt es kein Rāma." Was bedeutet das? Kāma steht für Verlangen, oder man könnte sagen für weltlichen Genuss. Wo also weltliche Freuden und Verlangen herrschen, da können wir nicht von der Gegenwart Gottes sprechen. Es sind zwei gegensätzliche Pole. Wenn wir Gott erleben oder über ihn sprechen, kann in diesem Moment kein Verlangen oder äußeres weltliches Vergnügen bestehen.

„Es ist nicht möglich allgemein zu sagen, dass bestimmte Dinge gegessen werden dürfen oder nicht. Je nach den klimatischen Bedingungen ändert sich auch der Einfluss der Nahrung auf uns. Nahrungsmittel, die wir hier vermeiden, können im Himalaya nützlich sein."

Nach Ansicht von verwirklichten Menschen wie Amma und den alten Ṛiṣhis hat diese Welt eine doppelte Natur: Es gibt die physische Welt und die Welt der subtilen Schwingungen. Vor Tausenden von Jahren erkannten die alten Weisen, dass alles Schwingungen ausstrahlt und auch Schwingungen empfängt. Nicht nur Menschen, sondern alles in der Existenz sendet und empfängt – Orte, Nahrungsmittel, Gedanken, Taten, Worte – sie alle haben Schwingungen. Das gesamte Universum ist ein riesiges Netzwerk, eine gewaltige Matrix von sich ständig verändernden Schwingungen, die alle auf einem schwingungslosen Substrat ruhen, das Gott oder Brahman genannt wird.

Diese Schwingungen lassen sich grundsätzlich in drei Kategorien unterteilen, die Guṇas genannt werden. Viele von uns haben vielleicht die Philosophie der Guṇas, wie sie in der Bhagavad Gītā erklärt wird, schon einmal gelesen.

Guṇas in Handlungen und Menschen

„Eine Handlung, die vorgeschrieben ist, frei von Anhaftung, ohne Wunsch oder Abneigung und von jemandem getan wird, der nicht nach den Früchten strebt – diese Handlung gilt als sattvisch." – Kapitel 18, Vers 23

Mit anderen Worten: Handeln wir ohne an den Ergebnissen zu hängen, mit innerer Ausgeglichenheit und Ruhe, dann ist das eine sattvische Handlung, also eine Handlung von reiner Natur.

„Doch eine Handlung, die aus Verlangen nach Genuss oder aus Selbstbezugenheit geschieht, eine die nach Vergnügen strebt oder egoistisch ist und die viel Ärger verursacht, wird als rajasisch gesehen."

„Eine Handlung, die aus Unwissenheit geschieht, ohne über die Folgen, Verluste, Schäden oder die eigenen Grenzen nachzudenken – sie gilt als tamasisch." – Kapitel 18, Vers 24-25

Das bedeutet, wenn unser Mind überaktiv und voller Verlangen oder träge ist und nichts hinterfragt, was seine Aufgabe ist, dann wird unser Handeln rajasisch oder tamasisch.

Jetzt sprechen wir über Menschen: „Wer frei von Anhaftung und Egoismus ist, innerlich stark und entschlossen und in Erfolg wie Misserfolg ruhig bleibt – der gilt als sattvisch.

Wer leidenschaftlich ist, nach Erfolg strebt, gierig, unrein und grausam ist und stark auf Freude und Leid reagiert – der gilt als rajasisch." – Kapitel 18, Vers 26-27

Die meisten Menschen in der Welt sind rajasisch. Nur wenige sind sattvisch. Sattvische Menschen sind frei von Anhaftung, haben kein Ego und bleiben in Erfolg und Misserfolg ausgeglichen. Wie viele von uns sind so? Doch das ist das Ziel, auf das wir hinarbeiten sollten. Je mehr wir uns einer sattvischen Natur annähern, desto näher kommen wir unserem wahren Selbst – dem Ātmān.

„Wer ungebildet, grob, eingebildet, hinterhältig, boshaft, faul, träge und aufschiebend ist – der gilt als tamasisch." – Kapitel 18, Vers 28

Die Bedeutung des Mindes

Wenn Amma davon spricht, welche Nahrungsmittel gegessen oder vermieden werden sollten, geht es ihr nicht um gesundheitliche Aspekte. Dafür gibt es viele Experten – das ist ein ganzer Industriezweig. Aber nur wenige wissen, was spirituell gut oder schlecht für uns ist, was wir essen sollten, um die Qualität von Sattva in uns zu erhöhen, und was wir vermeiden sollten, um nicht rajasisch oder tamassisch zu werden. Nur wenige interessieren sich überhaupt dafür – außer spirituell Suchende. Für sie ist der Mind wichtiger als der Körper, denn sie wissen, dass der Körper vergänglich ist und jeden Moment verfallen kann. Wir könnten zur Tür hinausgehen und nie mehr zurückkommen. Der Atem, der hinausgeht, kommt vielleicht nicht zurück. Sobald wir geboren sind, stehen wir in die Warteschlange, haben unser „Ticket", um diese Welt zu verlassen – nur das Datum der Abreise ist uns unbekannt.

Der Körper ist heute da und morgen schon weg. Doch der Mind bleibt, er ist wichtiger als der Körper, denn er bleibt auch nach dem Tod und im nächsten Leben bestehen. Egal welchen Körper wir bekommen – unser Mind wird derselbe sein. Und je sattvischer der Mind ist, desto näher kommen wir dem Erkennen des Ātmāns. Dann wird dieser endlose Kreislauf von Geburt und Tod, diese unglückliche Angelegenheit, ein Ende haben. Es ist, als würde man aus einem langen, schweren Traum erwachen. Die Glückseligkeit, die wir ständig im Außen suchen, finden wir dann im Inneren – in uns selbst. Dann sind wir endlich zu Hause. Deshalb ist es so wichtig, unseren Mind zu reinigen und ihn sattvisch zu machen.

Solange wir in dieser Welt der Schwingungen leben, sollten wir versuchen, nur sattvische Dinge zu uns zu nehmen.

Was ist sattvische Nahrung? Die Bhagavad Gītā sagt: „Auch die Nahrung, die jeder Mensch bevorzugt, lässt sich in drei Kategorien einteilen: Die sattvische Nahrung ist die, die das Leben, Energie, Kraft, Gesundheit, Freude und Zufriedenheit fördert – sie ist wohlschmeckend, nährend, leicht verdaulich und angenehm. Die rajasische Nahrung ist bitter, sauer, salzig, zu scharf, stark gewürzt, trocken und brennend – sie verursacht Schmerz, Kummer und Krankheit. Die tamasische Nahrung ist abgestanden, geschmacklos, verdorben, faul und unrein und wird von tamasischen Menschen bevorzugt." – Kapitel 17, Vers 7-10

Lacht nicht! Man kann oft am Essverhalten erkennen, welches Guna in einem Menschen vorherrscht.

Manchmal ändert sich das Guṇa eines Nahrungsmittels je nach Klima. Nehmen wir zum Beispiel Tee. In einem heißen Klima wie in Südindien ist Tee rajasisch, weil er anregend wirkt. Aber wenn man in Tibet lebt, wo es sehr kalt ist, muss man Tee trinken, um zu überleben. Dort gibt es auch kaum Gemüse, also besteht die Ernährung aus Gerste, Milchprodukten und Fleisch. Fleisch gilt normalerweise als tamasisch, aber dort schenkt es Leben.

In diesem Sinne sagt Amma, dass man nicht pauschal sagen kann, ob ein bestimmtes Nahrungsmittel gut oder schlecht ist; es hängt vom Klima ab. Was an einem Ort gut ist, muss an einem anderen vermieden werden und umgekehrt. Aber im Allgemeinen gelten diese Kategorien. Wir sollten versuchen zu lernen, was sattvisch, rajassisch und tamassisch ist und versuchen, uns auf das Sattvische zu beschränken. Das gilt natürlich nur, wenn es uns wirklich ernst ist, spirituellen Fortschritt zu machen.

Ammas Worte werden von ernsthaften Aspiranten beherzigt. Für Menschen, für die Spiritualität nur ein Hobby oder Zeitvertreib ist, wird der tiefere Ernst dahinter vielleicht nicht ganz verständlich sein. Wenn jemand spürt: „Der Tod kann jederzeit kommen, und ich habe mein wahres Selbst noch nicht erkannt, kein wirkliches Glück erlebt" – dann stellt sich die Frage: Was jetzt? Ich werde alt, krank, ich werde sterben – das trifft nicht nur andere, das trifft auch mich!" Gibt es keinen Ausweg?" Für solche Menschen sind ihre Worte wie ein Licht in der Dunkelheit des Ozeans von Geburt und Tod.

Jeder kennt die Geschichte von Buddha. Zuerst dachte er, sein Leben sei perfekt – ein ewiges Fest, immer jung und gesund. Doch was passierte? Als er zum ersten Mal den Palast verließ, sah er alte, kranke und sterbende Menschen und schließlich auch einen toten Körper. Auch einen Heiligen sah er. Als er seinen Diener Channa fragte: „Passiert das nur diesen Menschen oder wird das auch mir geschehen?", antwortete Channa: „Jeder wird krank, jeder wird alt, jeder stirbt – sogar du, sogar deine Frau Yasodhara, sogar der König – jeder."

Da sagte Buddha: „Mir wird schlecht, bring mich zurück zum Palast." Er begann nachzudenken: „Wie kann ich diesem Schicksal entkommen? Ich will das nicht durchmachen; das ist schrecklich." Dann erinnerte er sich an den Sadhu unter dem Baum, der meditierte und versuchte, dem Unvermeidlichen zu entkommen. Er entschied: „Das ist der richtige Weg für mich" und ging.

Ich sage nicht, dass wir alles stehen und liegen lassen und uns unter einen Baum setzen und meditieren müssen, bis wir die Erleuchtung erlangen. Das ist nicht Sinn der Sache. Ernsthaftigkeit bedeutet, das Leben in seiner ganzen Wahrheit zu betrachten – nicht nur die angenehme Seite, sondern auch die schmerzhafte – und sich nicht in Māyā zu verlieren, sondern den Ernst unserer Situation und die Notwendigkeit des spirituellen Lebens zu erkennen. Wenn das nicht der Fall ist, dann denke wenigstens daran, was du durch Ammas Gegenwart oder durch den Satsang erfahren hast – das Glück, die Freude, den Frieden, dieses einzigartige Gefühl, das du in Ammas Anwesenheit erlebst. Da wurde Spiritualität greifbar und echt – nicht nur ein Hobby.

Diese Worte sind für Menschen die Spiritualität ernst nehmen.

Beherrschung des Hungers

„Wenn man sich zum Essen hinsetzt, sollte man erst nach einem Gebet zu Gott beginnen. Deshalb spricht man ein Mantra vor dem Essen. Die richtige Zeit, unsere Geduld zu prüfen, ist dann, wenn das Essen direkt vor uns steht."

Dies ist eine spirituelle Übung. Anders ausgedrückt: Man bleibt ruhig sitzen, auch wenn einem das Wasser im Mund zusammenläuft und denkt an Gott. Das ist großes Tapas, es ist Entbehrung. Es ist sehr schwierig, wenn etwas, das wir genießen wollen, direkt vor uns steht und wir denken: „Moment mal, ich werde zuerst an Gott denken oder meditieren." Das ist der richtige Zeitpunkt, um es zu tun. Der wahre Charakter eines Menschen zeigt sich angesichts von Hunger. Man erkennt oft erst dann, wer jemand wirklich ist. Es heißt, selbst hingebungsvolle Heilige können alles beiseiteschieben, wenn es um ihren Bauch geht. Der Drang des Hungers ist unglaublich stark.

Viele von uns kennen vielleicht die Geschichte von Kuchēla, dem Devotee von Kṛiṣhṇa. Als er und Krishna junge Männer waren, wurden sie von ihrem Guru in den Wald geschickt, um Holz zu sammeln. Die Frau des Gurus hatte ihnen ein Päckchen mit etwas zu essen mitgegeben, damit sie unterwegs einen kleinen Imbiss zu sich nehmen konnten. Doch leider begann es in Strömen zu regnen. Sie steckten da draußen fest und konnten nicht zurück, also suchten sie Schutz unter den Bäumen. Krishna saß in einem Baum und Kuchēla in einem anderen. Kuchēla bekam großen Hunger. Er wusste, dass Krishna Bhagavān war, dass Krishna Viṣhṇu war. Doch trotzdem begann er zu essen, ohne Krishna zu fragen, ob er etwas wollte. Das Essen wurde immer weniger – und selbst als schon mehr als die Hälfte weg war, also sein Anteil aufgebraucht war, aß er weiter, bis alles weg war. Viele Jahre lebte er danach in großer Armut. Erst als alter Mann wurde er von Krishna besucht, der ihn schließlich mit Reichtum segnete. Diese Geschichte zeigt, dass selbst in der Nähe Gottes der Hunger die Oberhand gewinnen kann.

Ich habe eine ähnliche Erfahrung gemacht. Es ist mir etwas unangenehm, darüber zu sprechen, aber ich denke, es könnte für andere von Nutzen sein. Ich diente damals einem älteren Sadhu, der an Übersäuerung litt und daher nur Joghurt ohne Säure essen konnte. Ich war zwar nicht krank, mochte aber auch am liebsten frischen, süßen Joghurt, bevor er sauer wurde.

Der Sādhu ging in einen Tempel und sagte, er würde zum Mittagessen zurückkommen, also bereitete ich sein Essen vor. Als ich den Schrank öffnete, fand ich zwei kleine Töpfe mit Joghurt. Einer war sehr sauer, der andere war süß. Nun, er wusste nicht, dass es zwei Töpfe gab. Also habe ich, bevor er zurückkam, den süßen verschlungen. Obwohl ich diesen Menschen respektierte und ihm diente, hatte mich der Geschmack übermannt. Mein Bauch und meine Zunge hatten die Oberhand über mich gewonnen. Damals war es so: Kaum hatte ich einen großen Fehler gemacht, bekam ich im nächsten Moment einen Schlag auf den Kopf.Er kam bald zurück, aß sein Mittagessen und sagte beim Verzehr des sauren Joghurts: „Dieser Joghurt ist so sauer! Gab es hier nicht auch süßen Joghurt?“ Da musste ich gestehen, was ich getan hatte.

Er sagte: „Das ist sehr schön, du bist ein großartiger Sādhak, ein großer Devotee.“

Natürlich war er nicht Bhagavan Krishna, deshalb musste ich nicht so schwer büßen, aber ich habe eine Lektion fürs Leben gelernt: Wie sehr die Zunge uns versklaven kann – und wie leicht wir dadurch unsere Unterscheidungskraft verlieren.

Dann gibt es noch die Geschichte aus dem Mahabharata über den goldenen Mungo. Der große Pandava-König Yudhisthira hatte ein großes vedisches Opferfest durchgeführt und Millionen Rupien verschenkt. Tausende Menschen hatten Geschenke erhalten – ganz Hastinapura sprach davon (heute: Delhi). Am Ende der Zeremonie kam ein Mungo herbei und wälzte sich in der Erde, wo das Opfer stattgefunden hatte. Alle sahen es und wunderten sich: „Was für ein seltsames Tier!“ Als er aufstand, sah man, dass eine Körperhälfte wunderschön golden glänzte, während die andere braun war wie gewöhnlich. Jemand fragte das Tier: „Du bist der seltsamste Mungo, den wir je gesehen haben. Wie kamst du zu dieser goldenen Seite?"

Der Mungo erzählte dann seine Geschichte:

„Vor einigen Jahren, als ich im Land umherirrte und nach etwas zu essen suchte, gab es eine schreckliche Hungersnot. Ich stieß auf eine arme Familie, die kurz vor dem Hungertod stand. Irgendwie fanden sie etwas Weizen, den sie zu Mehl mahlten und machten daraus ein paar Chapatis. Sie waren gerade dabei zu essen. Stellt euch ihren Hunger vor: Sie hatten zwei oder drei Wochen nichts gegessen, sie zitterten und waren kurz vor dem Zusammenbruch und in ihren Mägen wütete ein loderndes Feuer. Dann, gerade als sie essen wollten, kamen nacheinander drei Gäste. Sie gaben jedem Gast ein Chapati. Am Ende war nichts mehr übrig. In diesem Moment, als sie bereit waren alles zu opfern, befreite Gott sie plötzlich aus dem Saṁsāra und nahm ihre Seelen mit in seine Welt.

Ich ging dann hinüber und aß die Krümel, die aus dem Mund der Gäste heruntergefallen waren. Nachdem ich gegessen hatte, blieb ich einen Moment liegen. Als ich aufstand, war die Hälfte meines Körpers golden. Ich war so begeistert von dieser Farbe, dass ich mir wünschte, dass auch die andere Hälfte so wird. Seitdem rolle ich mich an allen heiligen Orten auf dem Boden – bei Puja, Wohltätigkeit, selbstlosem Dienst und anderen guten Taten – um zu sehen, ob der Rest meines Körpers auch golden wird."

Er schaute den König an und sagte: „Diese große Zeremonie, bei dem du Millionen Rupien und so viele Geschenke verteilt hast, ist nichts im Vergleich zu diesen Menschen, die nur drei Stücke Brot verschenkt haben."

Das zeigt, wie groß es ist, Hunger zu beherrschen. Nur wirklich große Menschen können das.

„Ein Asket muss nicht auf Nahrungssuche gehen. Die Spinne spinnt ihr Netz und bleibt an ihrem Platz. Sie geht nirgendwo hin, um nach Nahrung zu suchen. Ihre Beute wird sich in ihrem Netz verfangen. In gleicher Weise wird die Nahrung für einen Asketen durch Gott zu ihm kommen, aber er muss sich Gott völlig ergeben."

Wir sprechen hier von einem echten Sannyāsī, nicht von den meisten von uns. Eine solche Person, die alles Weltliche aufgegeben hat und nur für die Verwirklichung Gottes lebt, sollte nicht einmal an Essen denken oder darüber, woher es kommen wird. Er muss keinen Aufwand betreiben. Wenn er die ganze Zeit darum bemüht ist, Gott zu erkennen, muss die Nahrung zu ihm kommen. Ein anderer Mahātmā sagte vor zweitausend Jahren das Gleiche:

„Darum sage ich euch: Macht euch keine Sorgen um euer Leben – was ihr essen oder trinken sollt – und auch nicht um euren Leib, was ihr anziehen sollt. Ist das Leben nicht mehr als die Nahrung und der Leib mehr als die Kleidung? Seht euch die Vögel des Himmels an: Sie säen nicht, sie ernten nicht, sie lagern nichts in Scheunen, und doch ernährt sie der himmlische Vater. Seid ihr nicht viel mehr wert als sie? Sorgt euch also nicht und fragt: Was sollen wir essen, oder was sollen wir trinken, oder was sollen wir anziehen? Trachtet zuerst nach dem Reich Gottes und seiner Gerechtigkeit, dann wird euch alles andere dazugegeben."

– Jesus Christus, Neues Testament, Matthäus

Gott kümmert sich um seine Devotees

Amma erzählt eine Geschichte von einem Mann, der bei einem Satsang diese Lehre hörte und beschloss, sie zu testen. Er wollte wissen, ob Gott ihn wirklich versorgen würde, auch wenn er selbst nichts dafür tat. Er dachte: „Nicht nur soll Gott mir das

Essen bringen – Er soll es mir auch in den Mund stecken. Erst dann glaube ich es." Also ging er in den Wald und setzte sich unter einen Baum, um sein Mantra zu wiederholen.

Nach einer Weile hörte er eine Gruppe von Dieben näherkommen. Er dachte: „Sie könnten mich umbringen!", also kletterte er auf einen Baum. Die Räuber kamen, legten ihre Beute ab und holten ihr Mittagessen heraus. Einer sagte: „Lasst uns erst im Fluss baden gehen, dann können wir in Ruhe essen."

Nachdem die Diebe gegangen waren und gebadet hatten, kamen sie zurück Sie gingen zum Fluss und ließen das Essen zurück. Genau in diesem Moment musste der Mann auf dem Baum niesen – er konnte es nicht zurückhalten. Die Diebe hörten es, schauten nach oben und riefen: „Hey du! Komm sofort runter!"

Der Anführer dachte: „Er hat all die Sachen gesehen, die wir gestohlen haben. „Sicher ist er heruntergekommen, als wir weg waren und hat unser Essen vergiftet, damit wir sterben – und er dann alles mitnehmen kann." Also beschlossen sie, ihn das Essen selbst essen zu lassen. Sie stopften es ihm in den Mund, bis er nichts mehr schlucken konnte.

In diesem Moment erkannte der Mann, dass das, was er im Satsang gehört hatte, wahr war. Natürlich kam die Polizei in den Wald und nahm die Diebe fest, und der Mann lebte glücklich bis ans Ende seiner Tage – und war um einiges weiser geworden.

Sei ein gutes Beispiel

„In den Anfangsstadien sollte ein Sādhak sine Ernährung kontrollieren. Wenn man sich beim Essen nicht zügelt, verstärken sich die schlechten Neigungen. Ist der Samen einmal gesät, sollte man darauf achten, dass die Krähen sie nicht wegpicken. Sobald der Samen zu einem Baum herangewachsen ist, kann sich jedes Tier darauf niederlassen oder ein Nest bauen. Jetzt

– genau jetzt – sollten wir bewusst essen und unsere Sadhana ernsthaft praktizieren. Später kann man scharfes und würziges Essen zu sich nehmen, und es wird einem nichts ausmachen. Kinder, nur weil Amma euch sagt, dass man später solche Speisen essen kann, heißt das nicht, dass ihr es tun müsst. Ihr solltet als Vorbild für die Welt leben. Dann lernen andere durch euer Beispiel. Es ist nicht richtig, vor jemandem, der an Gelbsucht leidet, scharfes oder frittiertes Essen zu essen. Auch wenn wir selbst nicht an der Krankheit leiden, sollten wir Selbstbeherrschung üben, um anderen Gutes zu tun."

Ein Patient suchte einen Arzt auf, der ihn untersuchte und ihm sagte: „Sie haben Diabetes", verschrieb ihm aber kein Medikament. Stattdessen sagte er: „Kommen Sie morgen noch einmal."

Der Mann entgegnete: „Doktor, ich bin von weit hergekommen, um Sie zu sehen. Bitte geben Sie mir ein Rezept, damit ich heute noch nach Hause zurückkehren kann."

Der Arzt antwortete: „Es tut mir leid, aber ich kann Ihnen jetzt kein Rezept geben. Bitte kommen Sie morgen wieder."

Der Mann ging. Da sagte die Krankenschwester: „Doktor, wie können Sie so grausam sein? Warum haben Sie ihm kein Rezept und keine Ernährungstipps gegeben?"

Der Arzt antwortete: „Siehst du diese Schale mit Süßigkeiten auf meinem Schreibtisch? Wenn ich zu ihm gesagt hätte: ‚Iss keinen Zucker, iss keine Süßigkeiten', hätte er vielleicht gedacht: Er sagt mir, ich soll keine Süßigkeiten essen, aber er selbst isst welche', und er hätte meinen Rat nicht befolgt."

Amma will damit sagen; Vielleicht sind wir innerlich schon so gefestigt, dass das Feuer des Jñana, der Weisheit, in uns brennt; vielleicht leben wir in Gottes Gegenwart. Dann beeinflusst uns nichts mehr. Aber die meisten Menschen sind noch nicht an diesem Punkt. Ihr Mind wird sehr wohl vom Essen beeinflusst. Wenn solche Menschen zu uns aufschauen, dann sollten wir – auch bei der Ernährung – ein gutes Beispiel geben.

In der Bhagavad Gītā heißt es: „Was auch immer ein großer Mensch tut, das tun auch die anderen. Was immer er als Maßstab setzt, dem folgt die Menschheit. Ich selbst habe in den drei Welten nichts zu erreichen und nichts, das unerreicht wäre und dennoch handle Ich. Würde Ich nicht handeln, würden auch andere nicht mehr handeln, und alle Welten würden ins Verderben stürzen. Ich wäre der Grund für Verwirrung und würde all diese Wesen ins Unglück stürzen. Wie die Unwissenden handeln – gebunden an das Tun – so soll auch der Weise handeln, jedoch ohne Anhaftung, nur um die Welt zu schützen. Der Weise soll nicht den Mind der Unwissenden verwirren, die an das Handeln gebunden sind. Vielmehr soll er sie durch eigenes Beispiel zum Handeln führen – mit Hingabe und Achtsamkeit."
– Bhagavad Gītā, Kapitel 3, Verse 21-26
Ein weiser Mensch, eine gottverwirklichte Seele, mag jenseits aller Regeln und Vorschriften der Gesellschaft und der heiligen Schriften stehen. Dennoch sollte er um der Welt Willen ein ideales Leben führen, um ein Beispiel zu geben.

Amma braucht keine Regeln oder Vorschriften. Bevor einer von uns zu ihr kam, lebte sie draußen unter freiem Himmel. Es war ihr egal. Doch als die Menschen sie aufsuchten, passte sie ihr äußeres Verhalten den Erwartungen der Gesellschaft an – allein aus einem Grund: um den Menschen, die Gott zu ihr führte, ein Beispiel zu geben. Sie ist das Sinnbild von Selbstlosigkeit und Mitgefühl.

Essen und Sādhanā – 2

Obwohl Amma speziell über die Nahrung spricht, die wir durch den Mund aufnehmen, muss man spirituell gesehen alles als Nahrung betrachten, was durch unsere Sinnesorgane in uns eindringt. Was wir hören, sehen, riechen, schmecken und berühren, all das besteht aus den drei Guṇas oder Qualitäten der Natur.

Die meisten von uns sind völlig nach außen gerichtet. Wir identifizieren uns fast ausschließlich mit der äußersten Hülle unserer Existenz, dem Körper, auch wenn wir uns der anderen vier Hüllen bewusst sein mögen. Niemand ist sich des Selbst unbewusst. Das Problem ist nur, dass wir es mit den anderen Hüllen verwechseln. Wir sind nicht in der Lage, das „Ich" von seinen Anhängseln zu trennen, und genau darum geht es im spirituellen Leben – das Äußere vom innersten Wesenskern zu trennen, dem Ātman oder der Seele. Wir sind nicht ein Körper, der eine Seele hat, sondern vielmehr eine Seele, die einen Körper hat.

Amma sagt: „Mit dem Teetrinken aufzuhören oder das Rauchen aufzugeben ist leicht." Doch wenn man es wirklich versucht, schafft man es nicht. Wenn man nicht einmal solch kleine Dinge unter Kontrolle bringen kann – wie will man dann seinen Mind beherrschen? Zuerst sollte man mit diesen einfachen Dingen anfangen. Wer nicht einmal einen kleinen Fluss überqueren kann, wie soll er dann den Ozean durchqueren?"

Amma sagt hier ganz klar, das Teetrinken –unter dem Begriff Tee kann man alle stimulierenden Mittel verstehen, also alles, was nicht nahrhaft für den Körper ist und das Nervensystem stimuliert – und das Rauchen aufzugeben, wenn wir es mit dem spirituellen Leben ernst meinen. Warum? Weil unser Mind ohnehin schon unruhig ist und überall hinwandert. Spirituelles Leben bedeutet aber, diesen Mind zur Ruhe zu bringen, zu konzentrieren und Frieden im Mind zu finden.

Frieden kommt nicht durch Komfort, Reichtum oder angenehme Situationen. Das ist nur ein vorübergehender Frieden, der von den Umständen abhängt. Echter innerer Frieden entsteht durch einen gedankenfreien Mind – und den erreicht man nur durch geistige Übung, durch spirituelle Praxis. Genauso wie Muskeln nicht von allein wachsen, müssen wir üben, schwere Gewichte zu heben und sie nach und nach zu steigern. Genauso ist der innere Frieden kein Geburtsrecht, sondern das Ergebnis harter Arbeit. Genau darum geht es bei Meditation, Bhajan und Satsang. Es bedarf bewusster Bemühung. Wenn wir uns entscheiden, dass der Friede im Mind die Mühe wert ist, weil er das eigentliche Ziel des Lebens ist, sind wird auch bereit, das Notwendige dafür zu tun. Dann müssen wir uns fragen, welche Mittel und Wege es gibt, um dieses Ziel zu erreichen.

Für jemanden, der den spirituellen Weg wirklich ernst nimmt – nicht als Hobby oder Nebenbeschäftigung, sondern als wahres Lebensziel – und der entschlossen ist, seinen Mind zur Ruhe zu bringen und nicht länger ziellos umherschweifen zu lassen, für solch einen Suchenden gibt Amma diese klaren Empfehlungen und weist auf bestimmte Regeln hin.

Tee, Kaffee und alles, was das Nervensystem anregt, fördern die Unruhe im Mind. Viele denken vielleicht: „Na und? Während der Meditation verzichte ich ja darauf." Aber Meditation – das stille Sitzen – ist nur der Einstieg in ein spirituelles Leben. Es ist der Anfang. Man muss es ein paar Mal am Tag tun, um eine Gewohnheit zu entwickeln. Es sollte ein ständiges Bemühen sein, den wandernden Mind zu zügeln. Man muss es regelmäßig tun, um überhaupt erst die Fähigkeit zur inneren Sammlung zu entwickeln. Doch das eigentliche Ziel ist es, den Mind auch im Alltag ruhig und konzentriert zu halten. Genau das ist echte spirituelle Praxis – und das ist, was Amma unter Meditation versteht.

Wenn wir ständig außerhalb der Meditationszeiten anregende Mittel wie Tee oder Kaffee konsumieren, wird unser Mind auch außerhalb der Meditation unruhiger – und das macht es umso schwerer, ihn überhaupt zu beherrschen. Rauchen kommt erschwerend hinzu: Es blockiert das Nervensystem. Natürlich weiß jeder, dass Rauchen gesundheitsschädlich ist. Aber in diesem Zusammenhang geht es Amma nicht um körperliche Gesundheit. Ihr Hauptanliegen ist unser Mind und unsere spirituelle Entwicklung, nicht so sehr unser Körper. Der Körper ist vergänglich. Heute ist er da, morgen schon nicht mehr. Doch der Mind – der Mind – bleibt, bis wir unser wahres Selbst, den Ātman, erkennen. Amma sagt, dass Rauchen das Nervensystem verstopft und unseren Mind träge, tamasisch und stumpf macht. Es erschwert die Konzentration, das Verstehen und den inneren Antrieb. Rauchen ist eine tamasische also geistig hemmende Angewohnheit.

Einige sagen: „Ich kann jederzeit auf Tee und Kaffee verzichten“ – aber tun es dann doch nicht. Sie denken: „Was macht das schon aus?“ Doch wenn es wirklich unwichtig wäre, warum tut man es dann? Amma sagt: „Wenn es schon schwerfällt, mit so etwas aufzuhören – wie soll man dann die wirklich schwierigen inneren Aufgaben meistern?“ Das bedeutet: Auf äußere Gewohnheiten zu verzichten, ist nur die Vorbereitung. Die eigentliche Herausforderung ist, die inneren Muster, unsere Gewohnheiten zu überwinden.

In der Natur gilt das Prinzip: Das Feinstoffliche ist stärker als das Grobstoffliche. Das Grobe entsteht aus dem Feinen. Und genauso ist unser Mind, stärker als unser Körper, er ist viel mächtiger als unsere physischen Gewohnheiten. Tatsächlich entstehen diese Gewohnheiten überhaupt erst durch unseren Mind.

Der riesige Ozean unserer inneren Feinde ist viel schwieriger zu überqueren als ein paar kleine Flüsse, die äußeren Gewohnheiten wie Rauchen und Trinken. Was sind diese inneren Feinde? Es gibt sechs Hauptfeinde, es sind jedermanns Feinde. Obwohl wir über spirituelles Leben sprechen, bedeutet das nicht, alles aufzugeben und Mönch zu werden. Spirituelles Leben ist menschliches Leben. Es ist für jeden notwendig, um Erfolg zu haben und glücklich zu sein. Spiritualität ist eine Notwendigkeit, keine Wahl. Letztendlich kommen alle Wesen zu ihr.

Was sind diese sechs Feinde? Kāma, Begierde; Krōdha, Wut; Lobha, Gier; Mōha, Anhaftung; Mada, Stolz; und Matsarya, Eifersucht. Dies sind die sechs Feinde, die immer wieder auftauchen, uns immer wieder aus dem Gleichgewicht bringen und Konflikte verursachen. Wir müssen uns ihrer bewusst sein.

Der Mind ist sehr komplex. Weise wie Bhagavān Sri Krishna haben ihn bis in seine Essenz analysiert und festgestellt, dass diese oben genannten die großen Unruhestifter sind. Das sind die Ganoven, sozusagen die Mafia des Minds. Wenn wir sie fangen und hinter Gitter bringen, dann ist alles in Ordnung. Wer sie erkennt und überwindet, findet Frieden.

Es ist wichtig, diese inneren Feinde immer wieder in Erinnerung zu rufen – diesmal verzichten wir auf die Sanskrit-Begriffe für Begehren, Wut, Gier, Anhaftung, Stolz und Eifersucht. Jeder einzelne von ihnen ist wie ein riesiger Ozean. Wir glauben vielleicht, wir hätten einen davon überwunden – doch plötzlich taucht er wieder auf. Wir denken: „Ich werde nie wütend." Doch dann sagt jemand etwas, das uns nicht passt – und wir geraten in Zorn. Wir halten uns für frei von Begehren und Versuchungen – und geben ihnen beim nächsten Mal doch wieder nach.

Wir glauben vielleicht, dass wir sehr losgelöst sind, aber wenn uns jemand verlässt oder schlecht behandelt, sind wir zutiefst verletzt. Plötzlich merken wir, wie sehr unser Wohlbefinden an dieser Beziehung oder Person hängt. Wir denken vielleicht, dass wir nicht gierig sind, doch wenn wir etwas Schönes sehen, wünschen wir uns, dass es uns gehört, anstatt zufrieden mit dem zu sein, was wir bereits haben.

Tapas von Vishwamitra Mahaṛiṣhi

Vishwamitra war ein König. Eines Tages besuchte er mit seinem Heer den Āśhram des Vasiṣhṭha Mahaṛiṣhi. Vasiṣhṭha war ein Brahmaṛiṣhi, ein Brahmane, der die Gottverwirklichung erreicht hatte. Vishwamitra war ein Kṣhatriya, ein Mitglied der Kriegerkaste. Vasiṣhṭha bewirtete Vishwamitra und sein großes Heer mit einer üppigen Mahlzeit. Vishwamitra wunderte sich: „Woher bekommt er all dieses köstliche Essen und all diese Vorräte in diesem kleinen Āśhram mitten im Wald?“

Er fragte Vasiṣhṭha: „Woher kommt all dieses Essen? Ich sehe nicht einmal einen Koch. Wir sind erst vor einer halben Stunde hier angekommen und du hast uns ein Mahl mit zehn Gängen serviert. Deine Frau ist neunzig Jahre alt, also kann sie das alles nicht gemacht haben.“ Vasiṣhṭha antwortete: „Ich habe eine magische Kuh, die uns alles gibt, worum man sie bittet. Nicht nur Milch – alle möglichen Nahrungsmittel kommen direkt fertig heraus. Sie ist wie eine Art Fast-Food-Automat. Wie ein legendärer Wunschbaum.“

Vishwamitra wollte diese Kuh sehen. Als er sie sah, sagte er: „Hör zu, ein Sādhu wie du, ein armer Einsiedler im Wald, braucht diese Kuh nicht. Ich bin ein König und muss jeden Tag tausende Menschen im Palast ernähren und wir brauchen so viele Lebensmittel und andere Dinge. Diese Kuh wäre viel nützlicher für mich. Für dich ist sie übertrieben. Du kannst alles bekommen, aber du brauchst nichts. Also will ich diese Kuh."

„Es tut mir leid", sagte Vasishta, „ich kann dir die Kuh nicht geben, weil ich sie für meine Puja brauche. Sie gibt mir täglich Milch, und ich verwende Milch, Joghurt und Ghee für meine tägliche Andacht." Da wurde Vishwamitra wütend und schrie: „Das ist mir egal, ich nehme die Kuh mit!"

Es kam zu einem großen Streit zwischen Vishwamitra und seinem Heer auf der einen Seite und dem alten Vasishta auf der anderen. Vasishta war damals wahrscheinlich etwa 125 Jahre alt. So manifestierte die magische Kuh Soldaten statt Nahrung und der Kampf ging weiter. Vishwamitra wurde besiegt und er kehrte in sein Land zurück.

Er beschloss: „Das ist wahre Macht! Dieser arme Brahmane hat wirklich Macht, echte spirituelle Kraft. Was bringt es mir, König zu sein? Ich will ein Brahmaṛiṣhi werden wie er. Ich werde meditieren. Ich werde Tapas machen, Askese." Also ging er in den Wald, um sich durch Meditation und Buße zu vervollkommnen.

Was geschah? In der Zwischenzeit beobachtete Indra, der König der Götter, wie Vishwamitra Tapas praktizierte und dachte: „Warum tut er das? Vielleicht will er meinen Platz einnehmen und der König des Himmels werden." Also schickte er die himmlische Nymphe Menaka, um Vishwamitra mit ihren weiblichen Reizen abzulenken. Das gelang ihr – die beiden wurden ein Liebespaar. Wie lange? Zwölf Jahre! Vishwamitra merkte gar nicht, wie die Zeit verging – es fühlte sich wie ein einziger Tag an. Sie bekamen auch ein Kind: Shakuntala.

Nach zwölf Jahren erkannte er, was passiert war – dass er seine Meditation und Tapas durch Menakas Einfluss vergessen hatte. Er verstand, dass Indra hinter diesem Ablenkungsmanöver steckte, wurde sehr zornig und verfluchte Menaka.

Er setzte sich wieder hin, um Tapas zu machen. Aber weil er all seine Energie bei Menaka verschwendet hatte und darüber hinaus wütend geworden war, war der ganze Nutzen der vielen Jahre der Meditation dahin. Er fühlte sich ziemlich elend und dachte: „Schau, was mir passiert ist. Ich bin der Begierde, Wut und Gier zum Opfer gefallen. So etwas wird mir nie wieder passieren."

Er ging an einen anderen Ort und begann erneut zu meditieren. Wieder schickte Indra eine Frau. Auch sie lenkte ihn ab. Aber diesmal wurde Vishwamitra wenigstens nicht wütend. Er verfluchte sie nicht. Doch ein Hindernis folgte dem nächsten. Am schlimmsten für ihn war, dass er seine Wut einfach nicht überwinden konnte.

Das war trotz all der Meditation und Tapas sein großes Problem. Er stand fünfzig Jahre lang auf einer Zehe. Er atmete nur einmal im Jahr, um sich zu ernähren. Er schlief weder bei Tag noch bei Nacht. Er stand in Regen und Sonne. Und trotzdem – wann immer ein Problem auftauchte, wurde er wütend. Er konnte seinen Zorn nicht kontrollieren, wie sehr er sich auch bemühte. Das Schlimmste daran war, dass Vasiṣhṭha ihn trotz allem nicht als Brahmaṛiṣhi anerkannte.

Schließlich konnte Vishwamitra es nicht mehr ertragen. Er beschloss, Vasiṣhṭha zu töten. Seine Eifersucht und Wut waren so groß geworden. Er dachte: „Wenn das der einzige Weg ist, ihn zu besiegen und seinen Platz einzunehmen, dann ist es das wert." Sein Mind war völlig verdorben. Also schlich er sich in der Vollmondnacht in den Āśhram und versteckte sich hinter einer Hütte, um Vasishta umzubringen.

Zu dieser Zeit hielt Vasiṣhṭha gerade einen Vortrag, einen Satsang. Er sagte zu den Brahmachārīs und Brahmachāriṇīs im Āśhram: „Seht den schönen Mond am Himmel." Also schlich er sich in der Vollmondnacht in den Āśhram und versteckte sich hinter einer Hütte, um Vasishta umzubringen.

Als Vishwamitra das hörte, verflog all seine Wut. Er wurde wie ein unschuldiges Kind tief bereuend für alles, was er getan hatte, lief er zu Vasishta und warf sich vor ihm nieder. Er hielt sich an seinen Füßen fest. Vasiṣhṭha sagte: „Steh auf, Brahmaṛiṣhi, steh auf! Warum liegst du da? Du bist ein Brahmaṛiṣhi nicht wegen deines Tapas, sondern weil dein Herz rein und kindlich geworden ist."

Das ist letztlich der einzige Weg, wie unser Mind vollkommen rein werden kann. Um diese tief verwurzelten Vāsanās, diese Ozeane von Vāsanās, loszuwerden, müssen wir spirituelle Praxis ausüben.

Aber letztlich hängt alles von der Gnade eines Mahatmas ab – so wie Vishwamitra Vasishtas Gnade bekam. Manchmal denkt man, es sei unmöglich – aber ich habe persönlich gesehen, dass man solche Gewohnheiten überwinden kann.

Ein Wissenschaftler aus Mumbai zum Beispiel trank früher etwa dreißig Tassen Kaffee am Tag. Er kaute ständig Betelblätter – vielleicht zwanzig Päckchen Betelblätter mit Nüssen pro Tag. Er verdiente damals ganz gut – und bis auf die Miete gab er sein ganzes Gehalt für Kaffee, Betel und etwas Essen aus. Wirklich hungrig war er nie, weil er ständig diese Dinge konsumierte. Es wäre untertrieben zu sagen, dass er wie unter Strom stand, als ob ständig eine starke elektrische Spannung durch ihn fließen würde.

Aber gleichzeitig war er Amma sehr zugetan. Eines Tages kam er zu ihr und sagte: „Ich möchte mein altes Leben aufgeben. Ich möchte zu deinen Füßen leben, Amma." Amma sagte: „Okay, aber ich lasse dich nur hierbleiben, wenn du diese beiden Gewohnheiten aufgibst."

Nun, es war ein harter Kampf für ihn, und er schaffte es nur für ein paar Tage. Dann ging er zu Amma und sagte: „Amma, ich kann mich nicht beherrschen."

Sie antwortete: „Das ist kein Wunder. Iss immer ein Stück Zucker, wenn du den Drang nach Kaffee oder Betel verspürst.“ Also aß er Unmengen von Zucker. Bald war er des Zuckers überdrüssig. Aber es half nichts.

Eines Tages verließ er heimlich den Āśhram, ging in einen Teeladen und holte sich Kaffee und ein Päckchen Betelnüsse und -blätter. Niemand erzählte es Amma, niemand wusste davon. Es muss nachts gewesen sein oder während alle meditierten. Sein Mind war so auf den Kaffee fixiert, dass er den „Darśhan des Teeladens“ aufsuchte.

Als er zurückkam, rief Amma ihn zu sich und sagte: „Du kannst mich nicht täuschen, ich weiß, was du getan hast. Ich habe dir gesagt, wenn du diese Gewohnheiten nicht überwinden kannst, kannst du nicht hier bleiben.“

Diese Worte trafen ihn tief ins Herz, er fühlte sich so schlecht, dass er von diesem Tag an nie wieder Kaffee oder Betelblätter anrührte. Eine Gewohnheit, die so tief verwurzelt war, legte er sofort ab. Er war fest davon überzeugt: „Das ist nicht gut für mich und ich kann Ammas Gnade nicht erhalten, wenn ich so weitermache.“ Als diese Überzeugung nicht nur in seinen Kopf, sondern tief in sein Herz gelangte, gab er die Gewohnheit ein für alle Mal auf.

Es ist also möglich. Aber man sollte immer daran denken, dass Amma sagt: „Wenn wir nicht einmal solche Gewohnheiten überwinden können, wie sollen wir dann die Ozeane aus Wut und der negativen Eigenschaften im Mind überwinden?“

Die Kraft der Gedanken

Jetzt kommt etwas, das in der westlichen Welt vielleicht etwas seltsam klingt, aber wir sollten es von Amma hören:

„Am Anfang sollte ein Sādhak, ein spiritueller Aspirant, nichts in Restaurants oder Imbissen essen.“

„Während er jede einzelne Zutat auswählt, denkt der Ladenbesitzer nur daran, wie er mehr Gewinn machen kann. Wenn er Tee zubereitet, denkt er: ‚Muss wirklich so viel Milch hinein? Kann man nicht weniger Zucker nehmen?' – Auf diese Weise denkt er nur daran, die Menge zu reduzieren, um mehr Profit zu machen. Die Schwingung dieser Gedanken beeinflusst den Sādhak."

Hier im Westen – und zunehmend überall auf der Welt – ist das gesellschaftliche Leben sehr wichtig. Restaurants gelten keineswegs als Orte, die man meiden sollte. Im Gegenteil, fast jeder, der es sich leisten kann, geht auswärts essen. Ich habe irgendwo gelesen, dass McDonald's weltweit etwa 6.480.000 Hamburger pro Tag verkauft. Das macht 75 Hamburger pro Sekunde!

Früher gab es in Indien keine Restaurants. Es gab vielleicht Herbergen für Reisende. Es gab und gibt immer noch Dharamsalas und Annasatras, wo sich Pilger ausruhen und etwas essen konnten. Diese wurden von wohlhabenden Gemeinschaften, meist Händlern und Kaufleuten, kostenlos betrieben.

Es stimmt, dass das Essen zu Hause, das mit Liebe zubereitet wird, spirituell gut für dich ist. Es ist gut für deinen Körper und Mind. Das Essen in Restaurants hingegen ist nicht gut für deinen Mind. Es wird nur mit dem Gedanken an Profit gekocht. Wir sollten nicht vergessen, dass es ein Geschäft ist. Sie geben dir das Essen nicht aus Liebe.

Amma erzählt eine Geschichte über einen Vater und seine kleine Tochter, die in einem Hotel übernachteten. Am nächsten Morgen, als sie auscheckten, sagte das kleine Mädchen: „Papa, das Personal hier war so nett! Bei jeder Kleinigkeit eilten sie herbei um uns zu helfen, und im Restaurant haben uns so viele Leute bedient. Immer wieder haben sie gefragt: ‚Möchten Sie noch etwas?' So liebevoll und freundlich! Ich habe noch nie so wunderbare und nette Menschen gesehen."

Der Vater sagte: „Wovon redest du? Sobald ich die Rechnung bezahle, wirst du keinen von ihnen wiedersehen. Der einzige Grund, warum sie so freundlich sind, ist, dass sie unser Geld wollen. Das ist nur eine Fassade – eine Show. Wenn du nicht bezahlst, wirst du sehen, wie freundlich sie wirklich sind!"

Ein Restaurant, egal wie freundlich die Mitarbeitenden und wie angenehm die Atmosphäre auch sein mögen, egal wie lecker das Essen schmeckt – ist aus spiritueller Sicht nicht gut. Der subtile Teil dieser Nahrung, die Schwingung, die in unseren Mind eindringt, erzeugt Tendenzen wie den Wunsch nach Gewinn, statt nach Geben nach Selbstlosigkeit und Teilen – dies geschiet weil diese Gier sich in unserem Mind festsetzt.

Das war die erste Hälfte des Zitates. Dann erzählt Amma eine kleine Geschichte:

„Es gab einen Sannyāsī, der nicht die Gewohnheit hatte, Zeitung zu lesen. Eines Tages verspürte er plötzlich einen starken Wunsch, die Zeitung zu lesen. Danach begann er sogar davon zu träumen – von Zeitungen und den Nachrichten. Als man der Sache nachging, stellte sich heraus, dass der Diener beim Kochen seines Mittagessens Zeitung gelesen hatte. Seine Aufmerksamkeit war nicht beim Kochen, sondern beim Lesen der Zeitung. Die Gedankenwellen des Kochs hatten den Sannyāsī beeinflusst."

Wenn wir kochen, fließen unsere Gedanken und Schwingungen in das Essen. Bei rohem Essen wie einer Banane oder etwas Ungekochtem ist das nicht der Fall. Die alte indische Tradition und Mahatmas wie Amma sagen, dass Nahrung beim Kochen empfindlich für Schwingungen wird. Wer auch immer sie zubereitet oder berührt – seine Schwingungen fließen in das Essen. In einem Haus, in dem Zuneigung herrscht, geht diese Zuneigung in das Essen ein und nährt auch den Mind der Menschen. Aber in einem Hotel oder Restaurant gibt es so etwas nicht – dort fließen weltliche Schwingungen in das Essen.

Amma sagt, dass es am Anfang unseres Sādhanās das Beste ist, nichts aus Restaurants oder Geschäften zu essen. Wir müssen diese Regel nicht für immer befolgen. Aber die meisten von uns sind noch Anfänger auf dem spirituellen Weg. Auch wenn wir seit zwanzig Jahren meditieren, jeden Mahātmā gesehen haben, der je nach Amerika gekommen ist, vierzigmal in Indien waren, jeden einzelnen Āśhram besucht und stundenlang auf dem Kopf gestanden haben, trotz allem haben wir unseren Mind noch nicht wirklich im Griff. Er wandert und wandert wie der Wind. Bis unser Mind wirklichen, dauerhaften Frieden findet, der durch nichts gestört wird, bis wir inneres Glück ohne äußeren Anlass empfinden, solange wir diese Stufe der spirituellen Entwicklung nicht erreicht haben, werden wir von allem beeinflusst. Ein ernsthafter Sādhak muss vorsichtig sein und darauf achten. So unnatürlich oder schwierig es auch erscheinen mag – es ist zu unserem eigenen Besten.

Wenn wir es nicht ernst meinen, können wir tun, was wir wollen – das ist kein Problem.

Mit Maß essen

„Iss nicht so viel, dass du keine Luft mehr bekommst. Der Magen sollte zur Hälfte mit Nahrung gefüllt sein, zu einem Viertel mit Wasser – und der Rest sollte frei bleiben für die Bewegung der Luft."

Das ist natürlich ein Ideal. Ich habe noch nie jemanden getroffen, der das tatsächlich befolgen konnte. Es ist sehr schwer, den Magen nur zur Hälfte zu füllen. Trotzdem sollten wir dieses höchste Ideal kennen. Dies ist ein Prinzip aus dem Ayurveda.

„Je weniger man isst, desto mehr Kontrolle erlangt man über den Mind. Man sollte weder direkt nach dem Essen schlafen noch meditieren. Sonst findet keine richtige Verdauung statt."

Hier ist ein gesunder Ratschlag: Iss nicht so viel, dass du kurz vorm Platzen bist. Ich erinnere mich an eine Kuh im Āśhram. Niemand wusste, wie viel sie schon gefressen hatte und wir wussten damals nicht, dass Kühe sich zu Tode fressen können. Diese Kuh wurde immer wieder gefüttert. Eine Person sah den leeren Eimer und dachte: „Arme Kuh, sie hat noch nichts bekommen." Also fütterten zwei oder drei Leute sie. Sie wurde so voll, dass sie fast platzte und an Verdauungsstörungen starb.

Wenn etwas besonders lecker ist, essen die Menschen einfach weiter, obwohl sie längst satt sind. Und wenn man ihnen dann noch etwas bringt, das sie besonders mögen, dann finden sie plötzlich wieder Platz im Magen. Ich habe das oft gesehen. Payasam – dieser Pudding ist der Favorit vieler Menschen. Wir haben ein indisches Festmahl mit zehn Gängen gegessen und sind kurz davor zu platzen. Dann kommt jemand mit etwas mehr Reis, Gemüse Sambar, oder Rasam und fragt: „Möchtest du noch etwas Reis?"

„Nein, nein, ich bin so voll, es geht nichts mehr rein."

Dann kommt jemand und sagt: „Du hast noch gar kein Pāyasam gegessen."

„Oh, in Ordnung, ein bisschen Pāyasam geht noch."

Zu diesem Zeitpunkt quillt es ihnen schon fast aus den Ohren. Aber wenn es etwas ist, das sie mögen, kann jeder immer noch etwas mehr essen.

Wir sollten nicht so viel essen, dass wir kaum noch atmen können, denn dann werden wir tamasisch. Wir wissen, was passiert, wenn wir zu viel essen: Wir werden müde. Das ist gut, wenn wir schlafen wollen, aber schlecht, wenn wir meditieren möchten. Amma sagt, man sollte nach einer vollen Mahlzeit weder schlafen noch meditieren. Warum? Wenn wir schlafen, wird die Verdauung gestört, wir bekommen nicht die richtige Nährstoffaufnahme und könnten sogar Verdauungsprobleme bekommen und am nächsten Tag übersäuert sein. Wenn wir nach dem Essen meditieren, was passiert dann? Das Gleiche, denn die Lebensenergie, die für die Verdauung zuständig ist, wird zu dem Punkt gelenkt, über den wir meditieren. Unser Magen wird dadurch seiner natürlichen Prozesse beraubt. Also sollte man nach einer großen Mahlzeit ein bis zwei Stunden warten, bevor man meditiert.

Das letzte Zitat in diesem Kapitel lautet:

„Sobald sich Liebe zu Gott entwickelt, ist es vergleichbar mit einem Menschen, der an Fieber leidet. Ein Mensch mit Fieber findet keinen Geschmack am Essen. Selbst wenn es süß ist, schmeckt es bitter. Wenn wir Liebe zu Gott entwickeln, verringert sich unser Appetit von selbst."

Das ist das Schlusswort. Eine Zeit lang mag es ein Kampf sein, diese natürlichen Triebe zu kontrollieren, um einen höheren Genuss als die sinnliche Freude zu erleben. Es wird zweifellos ein Kampf sein, denn wir haben schon viele Leben lang auf diese Weise gelebt. Aber sobald wir echte spirituelle Erfahrung machen, die Gegenwart Gottes oder des Selbst spüren, wird es ganz natürlich. Dann haben wir kein Bedürfnis mehr, im Außen nach Erfüllung zu suchen; diese Dinge machen uns nicht mehr glücklich. Das sinnliche Leben wird zu einer unvermeidlichen Ablenkung, einer Zeitverschwendung. Wenn wir beginnen, spirituelle Praxis zu genießen, verlieren die körperlichen Bedürfnisse ihren Reiz. Dann kommt uns Schlafen, Kochen, Essen, Baden und sogar der Gang zur Toilette wie reine Zeitverschwendung vor.

Nach Kontrolle des Mindes kommt Glückseligkeit

Das spirituelle Leben ist ein Leben voller Glückseligkeit und innerem Frieden. Es kann für eine gewisse Zeit auch zu einem Leben des Leidens und des Elends sein. Wir haben sicher schon einmal den Ausdruck gehört: „Die dunkle Nacht der Seele." Das ist etwas, das am Beginn eines wirklich spirituellen Lebens geschieht. In dieser Phase tauchen Gewohnheiten auf, die wir aus der Gesellschaft, der Familie und von weltlichen Einflüssen übernommen haben – und das mit großer Intensität. Wir werden uns dieser Prägungen sehr bewusst, fühlen uns schlecht und versuchen, sie loszuwerden. Aber das kann sich wie eine hoffnungslose Aufgabe anfühlen.

Menschen, die uns mit einem langen Gesicht herumlaufen sehen, sagen vielleicht: „Ich dachte, du wärst ein spiritueller Mensch, du solltest doch vor göttlicher Glückseligkeit strahlen."

Niemand erwirbt einen Hochschulabschluss, ohne zuvor die gesamte Schullaufbahn vom Kindergarten bis zur Universität durchlaufen zu haben. Wie können wir Glückseligkeit erfahren, ohne durch die dunkle Nacht der Seele gegangen zu sein? Ein gewisser Grad an Reinheit muss erreicht werden – durch Konzentration, andere spirituelle Praktiken und durch den Kampf mit unseren negativen Tendenzen – bevor der innere Frieden langsam aufsteigt. Tatsächlich ist dieses innere Aufwühlen ein Zeichen dafür, dass wir auf dem richtigen Weg sind.

Zuerst tauchen die gröbsten Vāsanās auf, in die wir nicht nur in diesem, sondern auch in früheren Leben verstrickt waren. Egoismus, Lust, Wut, Geiz, Eifersucht und Fehler bei anderen zu suchen, gehören zu den „beliebtesten". Aber sobald wir dann einen ersten Blick auf unsere wahre Natur erhaschen, auf Ātmān, oder wenn wir die Gegenwart Gottes fühlen oder eine Spur von Hingabe spüren – dann wird das spirituelle Leben leichter und mit der Zeit ganz natürlich.

Amma sagt: „Zuerst kommt die Probe, dann beginnt das eigentliche Stück."

Sādhanā ist wie eine Probe, und der Zustand der Glückseligkeit ist wie das Theaterstück.

Ich möchte nun einige Zeilen vorlesen, die den Zustand von jemandem beschreiben, der diese Glückseligkeit erfahren hat – denn das ist sehr selten. Heute schreiben zwar viele Menschen über ihre Erfahrungen, aber dieser Mensch ging vor etwa zweitausend Jahren auf traditionelle Weise zu einem Guru, nahm Zuflucht bei ihm, wurde unterwiesen und erlebte dann göttliche Glückseligkeit. So beschreibt er seinen Zustand:

„Nachdem der Schüler die höchste Wahrheit durch die heiligen Schriften, die Unterweisung des Gurus und durch eigenes Nachdenken verstanden hatte, beruhigte er seine Sinne und kontrollierte seinen Mind. Er zog sich ganz allein an einen stillen Ort zurück, ließ seinen Mind völlig still werden und dachte über die Lehren, die er studiert hatte und über alles nach, was ihm sein Guru gesagt hatte. Sein Mind wurde ganz auf einen Punkt ausgerichtet, und er erlebte höchste Glückseligkeit."

Dann sagte er: „Die Herrlichkeit des Ozeans des höchsten Brahmans, erfüllt vom Nektar der Selbstverwirklichung, lässt sich weder in Worte fassen noch mit dem Mind begreifen. Mein Mind, der diesen Zustand erreicht hat und in diesem Ozean aufgegangen ist, ist nun erfüllt von der Erfahrung der Glückseligkeit.

Wo ist dieses Universum geblieben? Von wem wurde es entfernt? Früher habe ich es gesehen, aber jetzt ist es nicht mehr da. Welch ein Wunder! Es gibt nur noch den Ozean der Glückseligkeit. Was soll man da noch ablehnen, was annehmen? Was ist hier verschieden, was unterscheidet sich – in diesem großen Ozean voll unendlicher Glückseligkeit? Ich sehe nichts. Ich höre nichts. Ich weiß nichts. Ich ruhe einfach in der Form meines eigenen Selbst und genieße die Glückseligkeit.

Ich verneige mich vor dir, oh Guru, immer und immer wieder. Oh du Großer, frei von aller Anhaftung, der Beste unter den Wissenden des Brahmans, der die Verkörperung der ewigen Essenz der Glückseligkeit, des Unendlichen, der ewige, höchste

Quell der Gnade ist. Durch den Segen deines gnädigen Blickes ähnlich den kühlen Strahlen des Mondes sind alle meine Leiden des Saṁsāras besiegt und ich habe in einem Augenblick den unvergänglichen Zustand des Selbst erlangt, der von der Natur der unendlichen Glückseligkeit ist. Ich bin gesegnet. Ich habe mein Ziel erreicht. Ich wurde aus den Fängen des Ozeans von Geburt und Tod befreit. Ewige Glückseligkeit ist meine Natur und diese erfüllt mich durch deine Gnade.

Ich bin Brahman, das unvergleichliche, anfangslose, jenseits aller Vorstellungen liegende, von der Natur einheitlicher, ewiger Glückseligkeit erfüllte, die höchste Wahrheit. Durch das Spiel der Winde der Māyā entstehen die verschiedenen Wellen des Universums in mir, dem unendlichen Ozean der Glückseligkeit. Wie der Himmel bin ich jenseits aller erdachten Trennungen. Wie die Sonne bin ich verschieden von dem, was beleuchtet wird. Wie der unbewegliche Berg bin ich dauerhaft und unverrückbar. Wie der Ozean bin ich ohne Ufer. In meinem großen Traum im Wald von Geburt, Alter und Tod, erschüttert von Maya, war ich erschöpft durch viele Leiden, die mich fortwährend quälten. Ich wurde vom Tiger des Egos gequält. Durch deine unendliche Gnade, oh mein Guru, hast du mich aus diesem Schlaf erweckt – und mich gerettet."

Möge unser Guru auch uns aus der dunklen Nacht der Māyā erwecken in das ewige Licht der Verwirklichung Gottes. Das ist mein Gebet.

www.ingramcontent.com/pod-product-compliance
Lightning Source LLC
LaVergne TN
LVHW051554080426
835510LV00020B/2978
* 9 7 8 1 6 8 0 3 7 9 3 3 4 *